# MÉMOIRE

## CHYMIQUE ET MÉDICINAL

SUR LES PRINCIPES ET LES VERTUS

## DES EAUX MINÉRALES

DE CONTREXEVILLE EN LORRAINE.

Par M. THOUVENEL, Docteur en Médecine
de la Faculté de Montpellier.

A NANCY,
Chez BABIN, Imprimeur-Libraire.
A PARIS,
Chez VALADE, Libraire, rue Saint-Jacques.

M. DCC. LXXIV.

Si Senatus Romanus laudavit illum qui in perturbatiſſimo rerum ſtatu firmum ſatis habebat animum ut de Republica nondum deſperaret, laudem & merentur Medici qui de ſolvendo difficillimo in Arte problemate, calculi ſolutione, ſperare audent. *G. VANSWIETEN Comment. In HERM. BOERH. Aphor. T. v.*

# A MONSEIGNEUR

## DE

# *CHAUMONT,*

Chevalier, Marquis de la Galaiziere, Maître des Requêtes & Intendant des Duchés de Lorraine & Barrois.

## MONSEIGNEUR,

*LE rapport de l'Ouvrage que j'ai l'honneur de vous préfenter avec les objets de votre adminif-tration bienfaifante, eft un motif fuffifant pour le publier fous vos aufpices.*

A 2

*Recevez-en l'hommage avec bonté ; ce fera pour moi l'heureux préfage de l'utilité de mon travail, & pour le Public, le garant de l'attention que vous voudrez bien accorder à la Source de Contrexeville, qui, dans fon état de célébrité naiffante, manque, pour ainfi dire, de tout ce qui peut la feconder & l'accroître.*

*Je fuis avec refpect,*

# MONSEIGNEUR,

Votre très-humble & très-obéiffant
ferviteur T H O U V E N E L,
Docteur en Médecine de la
Faculté de Montpellier.

# PRÉLIMINAIRES.

LE Village de Contrexeville eft à une diftance à-peu-près égale, environ de quatre à cinq lieues, des Villes de Mirecourt, Neufchâteau, Bourmont & la Marche ; à trois lieues de Darney en Vofges & à fix de Bourbonne en Champagne. Il eft, pour ainfi dire, au centre de toutes ces petites Villes.

Les Eaux minérales de Contrexeville, falutaires pour plufieurs maladies, n'avoient guere été connues jufqu'en 1760, qu'à quelques lieues à la ronde. Feu M. *Bagard*, Doyen & Préfident du College des Médecins de Nancy, eft le premier qui les ait mis en vogue, en en faifant connoître les propriétés dans un Mémoire lu à la Société Royale des Sciences & des Arts de cette Ville. C'eſt avec raiſon qu'on a rapporté cette découverte au nombre des ſervices que ce Médecin célebre & juſtement regretté, a rendu à la Médecine & à l'humanité.

Depuis 1760, le mauvais état où étoit cette Source, corrompue par le mêlange des eaux d'un marécage au fond duquel elles ſont ſituées, d'une ſource même d'eau commune qui, à neuf pieds en terre, coupoit la ſource minérale, a mis obſtacle à la célébrité que M. *Bagard* croyoit leur être due.

Telle étoit la poſition de cette Fontaine, lorſque M. l'Abbé de

*Bouville*, à la fuite de deux opérations de la pierre, s'y rendit au mois d'Août 1773. Il reconnut d'abord la caufe de l'altération de ces eaux dans la conftruction même de la Fontaine, qui n'étoit défendue du mêlange des eaux étrangeres que par une boëte de planches, mife pour contenir les terres, & qui par laps de temps étoit totalement confommée par la pourriture.

C'eft dans ce moment que la Commiffion de Médecine, établie par Sa Majefté, s'occupant des Sources minérales du Royaume, M. *Raulin*, Membre de cette Commiffion, & Infpecteur général des Eaux minérales du Royaume, me chargea d'aller l'analyfer. Je reconnus, comme M. l'Abbé de *Bouville*, le mê-

A 4

lange & l'altération de ces eaux. Je vis une néceffité indifpenfable de reconftruire de fond en comble cette Fontaine, d'une maniere folide qui put affurer à pèrpétuité les avantages qu'il y a lieu d'en attendre pour le bien de l'humanité fouffrante.

Le peu de moyens du Propriétaire mettoit le plus grand obftacle à cette reconftruction fi utile. M. l'Abbé de *Bouville* y trouva le remede dans fon caractere généreux & bienfaifant.

L'ouvrage, aujourd'hui folidement exécuté, met à jamais cette Fontaine à l'abri de toute efpece de filtration, & la fource d'eau commune qui couloit avec elle dans le baffin, a été exactement détournée.

Cette source vient très-profondément des entrailles de la terre, & paroît être le réfultat des eaux qui fe filtrent à travers les couches des montagnes voifines. Elle eft fort abondante & fournit à-peu-près huit pieds huit pouces cubes d'eau par minute; en forte qu'elle n'a pas le temps de féjourner dans le baffin, qui eft d'ailleurs parfaitement couvert. Ces trois circonftances concourrent encore à affurer l'intégrité de cette eau dans tous les temps de l'année.

Comme les Analyfes qu'on a données fur cette Source font contradictoires & infuffifantes à plufieurs égards, que d'ailleurs elles n'ont point été faites fur les lieux, circonftance indifpenfable dans ces fortes de recher-

ches, j'ai cru devoir recommen-
cer, avec toute l'attention &
l'exactitude poſſibles, ce travail, pour mettre le Public &
les Médecins plus en état de
juger des propriétés de ces
Eaux, & de les employer avec
plus de diſcernement & de ſé-
curité.

Quoique les progrès rapides
& très-conſidérables qu'a fait la
Chymie, aient ſinguliérement in-
flué ſur la maniere d'analyſer les
Eaux minérales, cependant il
faut convenir qu'il manque encore quelque choſe à l'infaillibi-
lité de nos moyens pour cet ordre de recherches. Il y a long-
temps qu'on a reconnu l'inſuffi-
ſance & l'infidélité de l'Analyſe
par les réactifs, & ce n'eſt pas
ſans quelque raiſon, que des

Médecins, à la vérité peu ver-
fés dans ces matieres, fe font
recriés contre la prétention des
Chymiftes, de ne déduire la nature des Eaux minérales que des
produits de leur évaporation.

Les reproches vulgaires contre ce dernier moyen d'analyfe,
portent principalement fur l'altérabilité ou fur l'incoërcibilité
des fubftances contenues dans
les Eaux minérales, ou fur ce
qu'il n'eft pas poffible par cette
voie de faifir l'enfemble, la maniere d'être refpective de ces
fubftances. Ces inconvéniens,
qu'on a fans doute beaucoup
exagérés, font en très-grande
partie prévenus ou réparés par
des opérations préliminaires, par
des expériences de comparaifon,
& par l'emploi bien dirigé de

quelques réactifs, obfervés non-feulement dans les premiers phé-nomenes qu'ils préfentent, mais encore dans les changemens plus réels, plus intérieurs, qu'ils éprouvent ou qu'ils font éprouver aux matieres qui fe rencontrent dans les eaux.

L'Analyfe fpontanée, ou les altérations que fubiffent les Eaux minérales abandonnées à elles-mêmes & l'examen du terrein qui avoifine les fources, contribuent encore à confirmer & à étendre nos connoiffances fur leur nature.

La néceffité où l'on eft, dans bien des cas, de recourir à toutes ces reffources pour parvenir à fon but, les attentions fcrupuleufes & la patience qu'il faut apporter dans ce genre de recherches, en font une des branches les plus difficiles & peut-être les plus délicates de la Chymie. Mais lorſque ces différens moyens ont été mis en uſage avec la ſagacité & les ſoins néceſſaires, lorſque leurs réſultats comparés ſe confirment & s'éclairent réciproquement, on peut prononcer avec aſſez de certitude ſur la nature & les combinaiſons des principes qui minéraliſent les eaux, quelquefois même ſur l'origine de leur minéraliſation, & enfin ſur les degrés d'altération dont elles font ſuſceptibles par le tranſport & par leur ſéjour dans les Bureaux.

Quoique j'aie commencé, ſelon l'uſage, mon travail par les

épreuves avec les réactifs ; cependant comme ils ont été principalement employés dans la vue de confirmer ou de rectifier les résultats de l'évaporation , je crois , pour éviter la prolixité , devoir paffer tout de fuite à cette derniere opération , comme étant la chofe fondamentale , & ne faire mention des moyens auxiliaires , que lorfque l'occafion fe préfentera d'en faire l'application.

# ANALYSE

## DES EAUX MINÉRALES

### *DE CONTREXEVILLE.*

L'EAU minérale de Contrexeville, examinée à fa fource, eft claire & tranfparente, quoiqu'elle ait une petite nuance de blancheur que n'a pas l'eau commune lorfqu'elle eft bien pure. Elle n'a point d'odeur fenfible & n'a qu'une très-légere faveur falée douceâtre avec un petit goût de rouille qu'elle perd par le tranfport.

La furface de cette eau, dans le baffin même, eft recouverte d'une pellicule blanchâtre, qui n'eft autre chofe qu'un mêlange de terre calcaire & de terre martiale. Le léger enduit jaunâtre des parois du baffin

& du canal d'écoulement est formé des mêmes matieres, mais avec la différence que la terre calcaire domine dans le premier cas & la terre ochreuse dans le second. Cette terre calcaire, gardée avec la même eau dans des bouteilles exactement bouchées, se redissout presqu'en entier après un certain temps. Peut-être en arrive-t-il autant aux portions de fer qui ne sont pas tout-à-fait privées de phlogistique.

La séparation de ces deux principes est le résultat d'un commencement de décomposition, qui devient plus sensible si on expose l'eau à l'air libre dans des vaisseaux à large surface. On en arrête au contraire les progrès, si on tient cette eau dans des bouteilles bien fermées. Cependant cette circonstance ne la met pas à l'abri de toute altération ; car on trouve après plusieurs mois, quelques vestiges d'une incrustation calcaire à l'intérieur des bouteilles, sur-tout si elles ne sont pas parfaitement pleines & bien bouchées. Il

faut un temps bien moins confidérable pour faire perdre à cette eau la
propriété de changer de couleur avec
la noix de galles. Celle qu'elle prend
par ce mêlange, fait à la Source, ne
va pas au-delà d'un pourpre léger.

La chaleur accélere beaucoup la
précipitation du fer & de la terre
calcaire : ce qui fournit une confidération pratique qui n'eft pas à négliger. Si cette chaleur eft entretenue
à un très-foible degré, il fe forme
à la furface de lá liqueur une efpece
de criftallifation de la terre calcaire
qui paroît fucceffivement fous la
forme d'une poudre très-fine, d'une
pellicule mince à demi-tranfparente,
repréfentant les couleurs de l'iris, &
enfin d'une croute blanche & opaque, femblable à celle qui paroît fur
l'eau de chaux. Il fe dégage en même-temps une grande quantité d'air
fous forme de bulles. Mais fi la chaleur eft plus forte & feulement portée au terme de trente degrés du
thermometre de *Réaumur*, l'agita-
tion confidérable qu'éprouve l'eau,

empêche les molécules terreuses de
se réunir en masse continue, &
rompt constamment la pellicule qui
commence à se former ; en sorte
que cette terre se sépare en petites
lames ou écailles, qui, lorsqu'elles
ont acquis une certaine épaisseur, se
précipitent au fond du vase.

Ces phénomenes me firent d'abord
soupçonner que l'Eau minérale de
Contrexeville, contenoit plus d'air
que l'eau commune. Pour m'en assu-
rer, je mis séparément sur le même
bain-marie ces deux sortes d'eaux,
& dans un troisieme vase de l'Eau
minérale de Bussang, qui est éminemment aérée. Il me fut très-aisé
d'appercevoir des différences entre
ces trois liqueurs. L'Eau de Contrexeville présenta un dégagement
de bulles plus prompt & plus abon-
dant, & ensuite un mouvement de
liquidité plus sensible que l'eau commune ; mais je n'y observai pas,
comme dans celle de Bussang une
prodigieuse quantité de bulles d'air
& de petits jets en forme de pluie,

un pétillement & un bouillonnement très-marqués. J'ai encore apperçu les mêmes différences en expofant ces trois fortes d'eaux fous le récipient de la machine pneumatique.

Sans pouffer plus loin ces expériences de comparaifon entre l'eau de Contrexeville & celle de Buffang, il eft facile de juger, en comparant le goût vif & piquant de celle-ci avec la faveur prefque purement aqueufe de la premiere, il eft facile, dis-je, indépendamment des autres propriétés qui les différencient & dont je parlerai ci-après, de juger que l'Eau de Contrexeville doit être exclue de la claffe des eaux dites aérées ou gazeufes. Mais quoique l'air contenu dans cette eau n'y foit pas en affez grande quantité pour la caractérifer eau aérée, cependant il doit entrer en confidération dans l'eftimation des propriétés médicinales de cette Eau, ne fut-ce que parce qu'il paroit la rendre plus légere & plus digeftible. En effet il y a tout lieu de croire que la condition qui rend les eaux communes plus ou moins potables & falubres, dépend pour le moins autant de la quantité plus ou moins grande de cet élement volatil, expanfible & élaftique, que des principes fixes, terreux ou falins contenus dans ces eaux.

Après les premiers effets, dont je viens de rendre compte, du contact de l'air & de la chaleur fur l'Eau de Contrexeville, l'évaporation ne préfente aucun phénomene digne de remarque. A mefure que cette opération avance, la terre calcaire continue de fe féparer pêle-mêle avec la félenite qui exifte auffi en grande quantité dans cette eau. Ce dernier fel fe trouve jufque dans les dernieres portions de liqueur ; mais il y a un degré d'évaporation au-delà duquel il ne fe précipite plus de terre calcaire. Ce terme varie felon que l'évaporation eft plus ou moins rapide. On ne peut le reconnoître qu'en examinant le précipité avec les acides ; car la félenite & la terre fe préfentent à-peu-près fous les mêmes formes, savoir, d'écailles à la surface de l'eau & aux parois des vaisseaux, & ensuite de flocons neigeux plus légers, qui nagent dans le sein de la liqueur. Si l'évaporation se fait lentement, la sélenite paroît en partie sous la forme d'aiguilles, qui, séchées, sont comme soyeuses & brillantes.

Cette variété de cristallisation en écailles ou en aiguilles qu'on remarque dans la sélenite, a fait avancer à quelques Chymistes, que cela indiquoit dans la nature de ce sel, une différence provenant de sa base. Si cela étoit, ne seroit-on pas fondé à croire que la base de la sélenite aiguillée, approche davantage de la terre *sedlitienne ?* D'un autre côté, en examinant la sélenite dans ses différens états naturels, ses divers degrés de solubilité, les altérations qu'elle éprouve par le feu & par le mouvement de liquidité, on pourroit soupçonner que la diversité de ces formes, dépend de la proportion de l'acide vitriolique uni à une seule

& même terre calcaire. Quoi qu'il en soit, je penfe que dans le cas préfent la variété de configuration écailleufe ou aiguillée, n'eft qu'un pur accident, de la criftallifation ; accident qui a lieu dans une infinité d'autres cas.

Afin de me procurer une quantité de réfidu fuffifante pour en bien connoître la nature, j'ai fait évaporer deux cens livres d'Eau de Contrexeville. Je me fuis fervi pour cela de fix capfules de porcelaine, placées fur un bain-marie ; au moyen d'un couvercle de tôle percé. Chacun de ces vaiffeaux contenoit deux livres. La chaleur du bain-marie étoit foutenue à un degré un peu inférieur à celui de l'eau bouillante. J'avois pris les précautions néceffaires pour mettre mon opération à l'abri du mêlange de tous corps étrangers.

Premiere évaporation. J'ai divifé en deux parties égales la quantité d'eau indiquée. J'en ai fait évaporer la moitié, favoir, cent livres jufqu'à ficcité, avec la précaution d'enlever à chaque fois la matiere faline, avant de recharger mes évaporatoires avec de la nouvelle eau. J'ai réuni tous ces produits deſ-ſéchés, que j'appellerai dans la ſuite *réſidu entier de la premiere évaporation.*

J'ai procédé de la même maniere à l'évaporation des cent autres livres d'eau. Mais, dans ce cas-ci, j'ai ſéparé, par le moyen du filtre, les dernieres portions de liqueur ; enſorte que cette quantité d'eau a été d'abord réduite à deux livres. Dans cet état elle avoit déjà une légere couleur jaune citrine, avec un petit goût d'amertume, qui ont augmenté à meſure que l'évaporation a fait des progrès. Pendant cette ſeconde opération, il s'eſt encore formé des concrétions ſéleniteuſes très-légeres, ſuſpendues dans le liquide ſous une apparence neigeuſe.

Lorſque la liqueur a été réduite à quelques onces, je l'ai expoſée dans un endroit frais pour tâcher d'obtenir une criſtalliſation ; mais toutes mes tentatives ayant été infructueuſes à cet égard, j'ai achevé l'évapo-

Seconde évaporation.

ration en ménageant toujours beaucoup la chaleur, & en évitant soigneusement de pousser trop loin la désiccation.

Un peu avant ce dernier terme la matiere avoit une consistance comme onctueuse, une couleur jaune très-foncée, & une saveur amere, mêlée d'un peu d'âcreté & d'une certaine stipticité. Elle se figeoit par le refroidissement & se liquefioit derechef par la chaleur. Elle exhaloit, étant chaude sur-tout, une odeur particuliere, tenant à la vérité de celle de la plupart des eaux meres, ou d'une dissolution très-rapprochée de sels lixiviels tirés des végétaux, mais elle étoit modifiée d'une maniere que je ne puis définir.

Lorsque la masse saline a été suffisamment desséchée, je l'ai exposée à l'air. Elle s'est sensiblement humectée dans l'espace de vingt-quatre heures. Ensuite elle a paru se dessécher & perdre un peu de sa couleur; mais l'ayant remis sur le feu, elle est redevenue aussi jaune qu'auparavant,

vant, & s'eſt ramollie juſqu'à deve-
nir graſſe au toucher. Je la déſignerai
ſous le nom de *réſidu ſalin de la
ſeconde évaporation*, & j'appellerai
le mêlange de terre calcaire & de
ſélenite ſéparé par le filtre, *réſidu
terreo-ſéleniteux de la ſeconde évaporation.*

Pluſieurs des qualités du réſidu ſalin que je viens de rapporter, me
firent d'abord ſoupçonner qu'il contenoit autre choſe que des ſels, &
qu'il pourroit bien s'y rencontrer
quelque matiere graſſe. Cependant,
comme les prétentions de l'ancienne
Chymie ſur l'exiſtence des matieres
graſſes ou bitumineuſes dans les Eaux
minérales, ont été conteſtées ou for-
mellement démenties, toutes les fois
qu'elles n'ont été fondées que ſur de
pareilles indications, & comme dans
le cas particulier de la Source de
Contrexeville, cette contradiction a
eu lieu, j'ai cru devoir prendre
toutes les précautions poſſibles pour
décider la queſtion. C'eſt donc ſur
cela que j'inſiſterai particuliérement

B

dans cette Analyſe. Mais avant de
paſſer à cette partie de mon travail,
je vais rapporter ce que j'ai obſervé
dans le lavage des trois réſidus de
mes deux évaporations.

J'ai lavé ſéparément dans huit
onces d'eau diſtillée froide, une
once du *réſidu entier de la premiere
évaporation*, & autant du *réſidu terreo-ſéleniteux de la ſeconde évaporation*. J'ai filtré & fait évaporer ſéparément ces deux liqueurs. J'ai réitéré
ces lotions avec la même quantité
d'eau chaude.

Ces quatre liqueurs évaporées à
part, n'ont laiſſé dépoſer que de la
ſélenite que j'ai ſéparée par décantation. Celles du lavage du *réſidu
entier* ont été réduites, chacune à
deux onces, & celles du *réſidu terreo-ſéleniteux* à une once. Comme ces
liqueurs ne différoient entre-elles
que par l'intenſité de la couleur jaune
& de la ſaveur amere ſalée, je les ai
toutes réunies dans le même vaſe.

En pouſſant plus loin l'évaporation
de ces liqueurs, je n'ai pu obtenir,

malgré toutes les précautions requi-
ses pour favoriser la criftallifation,
qu'une maffe faline informe, très-
colorée en jaune, graffe au toucher,
en un mot, abfolument femblable au
*réfidu falin de la feconde évaporation.*
J'ai auffi tenté inutilement la criftallifation de ce dernier, après l'avoir
rediffous & filtré.

Comme les deux livres d'eau employées pour le lavage des deux réfidus, ne m'avoient pas paru fuffifantes
pour en extraire toute la matiere faline colorée, j'ai encore paffé fur ces
réfidus réunis, feize onces d'eau
diftillée bouillante en deux fois. Ces
liqueurs évaporées jufqu'à la réfi-
dence de deux gros, ont en effet
pris une couleur jaune affez foncée.
Je les ai gardées dans un vafe mal
couvert, & il s'eft formé par l'évaporation fpontanée, dans l'efpace
d'un mois, quelques criftaux petits,
mais bien configurés, de couleur
ambrée, tranfparens, que je ferai
voir plus bas être du vrai fel de
Sedlitz.

B 2

Pendant le même intervalle , j'ai pareillement tenu expofés à l'air , mais à l'abri de la poufliere, les deux réfidus déjà lavés dans trois livres d'eau. Ils fe font parfaitement deff-féchés. Huit onces d'eau diftillée , dans laquelle je les ai mis en digeftion pendant quelques heures , en ont encore retiré un peu de matiere faline colorée & légerement déliquefcente. Enfin une derniere lotion avec pareille quantité d'eau chaude n'a plus donné que de la félenite , mais toujours un peu colorée à la circonférence du réfidu de cette évaporation.

La félenite retirée de tous ces lavages par la décantation , ayant été lavée une fois avec deux onces d'eau diftillée froide , & gardée avec les mêmes circonftances que ci-deffus , dans une égale quantité de nouvelle eau, il s'eft formé aux parois du vaiffeau , par les progrès de l'évaporation infenfible , quelques criftaux irréguliers de fel de Sedlitz. Le refte de l'eau qui couvroit le dépôt féleniteux, contenoit encore un peu du même fel que j'ai retiré en la faifant évaporer.

Ces expériences prouvent qu'il n'eft pas fi aifé qu'on pourroit fe l'imaginer d'obtenir une féparation exacte des matieres falines contenues dans certaines Eaux minérales. Ce n'eft pas là le feul fait qui porte à croire qu'elles y font plus ou moins adhérentes & combinées entre-elles. Il eft vraifemblable que la matiere graffe colorante dans ce cas-ci, s'oppofe encore à cette féparation, comme elle s'oppofe à la criftallifation. Il paroît auffi que le contact de l'air long-temps continué, que la déficcation & l'humectation alternatives, favorifent *l'extrication* & peut-être le développement de ces matieres falines. On connoît dans l'Art d'autres exemples d'une telle influence de ces caufes.

J'ai raffemblé toutes les portions de matiere faline colorée extraites de mes deux réfidus, favoir, d'une once du *réfidu entier de la premiere évaporation*, & d'une pareille quantité du *réſidu terreo-ſéleniteux de la ſeconde évaporation.* J'ai pareillement reporté à la maſſe commune de ces deux réſidus lavés, le peu de ſélenite & de terre reſté ſur les deux filtres , & la ſélenite qui avoit paſſé ( 1 ) dans les quatre livres d'eau employées pour les huit lotions des réſidus. J'ai fait deſſécher parfaitement cette matiere *terreo-ſéleniteuſe.* J'en reparlerai ci-après , & j'en indiquerai les proportions relativement aux autres ſubſtances. Je vais maintenant examiner la matiere ſaline colorée. Celle que j'ai obtenue par les lavages dont je viens de faire mention , étant abſolument ſemblable au *réſidu ſalin de*

---

(1) A la doſe de dix-huit à vingt grains par livre d'eau : ce qui prouve qu'elle eſt plus ſoluble que ne l'eſt ordinairement ce ſel terreux , qui du reſte préſente à cet égard des différences très-conſidérables , puiſqu'il eſt dans bien des cas preſqu'inſoluble. Il paroît que dans ce cas-ci il approche du degré extrême de ſolubilité : ce qui mérite encore une conſidération pour l'uſage médicinal de l'Eau de Contrexeville.

*la seconde évaporation,* je les confon-
drai dans les expériences suivantes,
sous la dénomination de matiere saline colorée.

La premiere expérience, celle
qui se présentoit naturellement pour
opérer la séparation de la partie
colorante, a été de tenir en diges-
tion avec l'esprit de vin très-rectifié, une portion de la matiere saline colorée. Après avoir gardé ce
mêlange pendant deux jours, j'ai de-
canté l'esprit de vin qui s'étoit très-
légerement coloré en jaune. Cette
couleur a augmenté par la concentration, pendant laquelle on sentoit
une odeur qui n'étoit point celle de
l'esprit de vin pur. Lorsque la liqueur
a été réduite à une très-petite quantité, j'y ai ajouté de l'eau qui n'a
fait qu'étendre la couleur, sans produire aucun trouble. J'ai continué
l'évaporation jusqu'à ce que tout
l'esprit de vin a été dissipé, & lorsque j'ai vu qu'il ne se faisoit aucune
séparation de la matiere colorante,
j'ai porté l'évaporation à sa fin.

Le fond du vase s'est trouvé recouvert d'une couche jaune, parsemée de quelques petites concrétions salines. Ce résidu a puissamment attiré l'humidité de l'air & s'est totalement résous. J'ai essayé cette liqueur avec la dissolution d'argent, l'huile de vitriol & le sel de tartre. Toutes ces épreuves, jointes à la saveur âcre & piquante, m'ont persuadé qu'elle contenoit du sel marin à base terreuse, qui, comme on sait, est soluble dans l'esprit de vin. Ce sel, décomposé par l'acide vitriolique, a donné une matiere noirâtre, dont j'ai retiré de la sélenite & du sel de Sedlitz : ce qui me fait croire qu'il a pour base la terre calcaire & la magnesie.

La matiere saline, digérée avec l'esprit de vin & desséchée à une très-douce chaleur, avoit perdu de sa couleur & de son onctuosité apparente à une plus forte chaleur ; mais néanmoins ayant été redissoute dans l'eau distillée, & soumise à une évaporation graduée, elle a

encore refufé de fe criftallifer régu-
liérement.

Peu fatisfait de ces premieres tentatives, & ne voyant pas d'autre
moyen pris de l'analyfe menftruele,
pour parvenir à la féparation & à la
connoiffance de la matiere colorante,
fi intimément unie avec les fels,
j'ai eu recours à l'action du feu,
communément appellé analytique,
& j'ai pris toutes les précautions
poffibles pour éviter les inconvéniens
de ce moyen deftructeur.

J'ai donc mis dans une petite cor- Premiere
nue de verre, la même matiere fa- diftilla-
line qui avoit été digérée avec l'ef- tion.
prit de vin. Une phiole à médecine
m'a fervi de récipient. J'ai placé la
cornue fur un bain de fable, dont
j'ai augmenté la chaleur par degrés.
Lorfqu'elle a été portée à-peu-près au
terme de l'eau bouillante, le fel a
pris un commencement de liquéfaction & une couleur jaune plus foncée.
Enfuite il eft devenu plus blanc qu'a-
vant l'opération & a pris corps; phénomenes qu'il faut rapporter à la

B 5

parfaite déficcation. Le peu de phlegme qui a paffé dans le récipient
étoit très-limpide, & avoit cette légere odeur aromatique & lixivielle
que j'avois déjà obfervée dans la déficcation de mes réfidus à l'air libre.

J'aurois pu continuer mon opération fur le bain de fable en en augmentant graduellement la chaleur ;
mais pour diriger plus aifément le
feu felon mes vues, & pour mieux
obferver ce qui fe pafferoit dans la
cornue, je la plaçai fur les charbons. Bientôt la matiere faline y prit
une couleur brune, qui paffa au noir
par degrés. En même-temps le corps
de la cornue fut tapiffé par fa partie
fupérieure d'une légere couche blanche, qui gagnoit fon col à mefure
que la chaleur augmentoit. En approchant un charbon allumé, on
voyoit cette matiere fe liquefier en
s'approchant de plus en plus du récipient. Il paffa dans ce dernier quelques gouttes de phlegme acide & de
couleur jaune. Pendant ce fecond
temps de la diftillation, on fentit,

à travers le double papier collé qui uniſſoit la cornue au récipient, une odeur aſſez agréable.

La matiere de la cornue conſerva ſa couleur noire pendant quelque temps ; mais enſuite elle la perdit par degrés. Cependant elle ne fut pas entiérement décolorée par un feu de deux heures , aſſez fort pour tenir conſtamment rouge & même pour ramollir le fond de la cornue. Cette matiere ſaline étoit à demi-vitrifiée par la partie inférieure & bourſouf-flée à ſa ſurface. Les vaiſſeaux refroi-dis & delutés ont exhalé une odeur mixte de bitume ou d'empiremme lé-ger & d'acide marin.

Les trois produits de cette opéra-tion, ſavoir, la liqueur acide colorée, la matiere blanche ſublimée & le réſidu ſalin de la cornue, ont été comparés & réunis avec ceux des diſ-tillations ſuivantes , & ſeront exami-nés ci-après.

J'ai procédé de la même maniere Seconde
à la diſtillation d'une pareille quan- diſtilla-
tité de matiere ſaline colorée , qui tion.

B 6

n'avoit pas été mife , comme la précédente, en digeftion avec l'efprit de
vin. J'ai obtenu les mêmes réfultats,
avec la feule différence que , par le
moyen de charbons allumés, j'ai fait
paffer dans le récipient, fous la forme
de vapeurs qui fe font condenfées & 
réunies au phlegme acide , une partie de la matiere fublimée au col de
la cornue.

Troifie-
me diftil-
lation.
 Cette derniere circonftance me fit
tenter dans une troifieme opération,
de retirer toute la fubftance faline
volatile fous forme fluide. Pour y
parvenir, je préfumai qu'il falloit
ménager davantage le feu. En confé-
quence, je plaçai ma cornue fur un
bain de fable, dont j'entretins la chaleur à un degré peu fupérieur à celui
de l'eau bouillante. La matiere faline
commença à rouffir , puis à brunir légerement. Elle donna un phlegme
fenfiblement acide au goût & par
l'épreuve du papier bleu ; mais il ne
fe fublima rien au col de la cornue,
quoique la chaleur ait été maintenue
au même degré pendant plus de deux

heures. Ce ne fut qu'en l'augmentant
confidérablement, que je vis paroître ce fublimé, à mefure que la matiere faline de la cornue acquerroit de
plus en plus la couleur noire. La décoloration prefque totale de cette matiere étant un des phénomenes remar-
quables des deux premieres diftillations, il étoit tout naturel de le
prévenir en arrêtant cette troifieme
à ce terme, & c'eft ce que je fis.

Pour m'affurer de plus en plus qu'il Quatrieme diftil-
lation.
falloit que la matiere faline éprouvât
un commencement de décompofition
pour donner fon produit acide, je fis
une quatrieme diftillation, dans la-
quel j'ajoutai une certaine quantité
d'eau. Je la tins bouillante jufqu'à ce
qu'elle fut entiérement paffée dans
le récipient. Elle n'étoit alors impre-
gnée que de cette odeur aromatique
particuliere, dont j'ai déjà parlé. Elle
n'avoit aucune qualité faline, cependant la chaleur, dans cette diftillation, avoit été portée bien au-delà
du terme ordinaire de l'ébullition,
tant par la circonftance d'être faite

en vaiffeaux fermés, que par rapport à la denfité de la matiere. J'achevai l'opération comme dans le cas précédent.

Cinquieme diftillation. J'ai encore foumis à la diftillation féparément, une partie du *réfidu entier de la premiere évaporation*, & une du *réfidu terreo-féleniteux de la feconde évaporation*. Dans le premier cas, j'ai retiré la matiere concrête fublimée au col de la cornue ; mais la liqueur du récipient n'étoit nullement acide. Elle avoit feulement une odeur mixte d'empiremme & de craie. La matiere de la cornue a pris une légere couleur noirâtre, qu'elle a perdue enfuite par la durée du feu. Une partie de cette matiere s'étoit fondue & avoit fait maffe. Dans le fecond cas, je n'ai obtenu ni matiere fublimée, ni liqueur acide ; mais feulement quelques gouttes de phlegme, impregné d'une odeur de craie & de fumée. La matiere de la cornue n'a pas fenfiblement changé de couleur, & a toujours confervé fon état pulverulent.

## Examen des produits des diftillations.

Les liqueurs acides colorées & odorantes des quatre premieres diftillations ayant été réunies, j'y ai verfé quelques gouttes d'huile de tartre par défaillance. Il s'eft fait une effervefcence bien marquée, & l'odeur empiremmatique eft devenue plus fenfible à mefure que l'odeur fafranée-aromatique a diminué. Il y a eu un léger précipité terreux blanchâtre que j'ai féparé par décantation. J'en ferai connoître l'origine & la nature ci-après. La liqueur évaporée a fourni des cryftaux jaunâtres, mal configurés, qui avoient une odeur fafranée affez forte, quoique la liqueur eut été parfaitement faturée. Cette odeur a fubfifté pendant plus de deux mois dans un vafe mal couvert. Pour obtenir une cryftallifation plus réguliere, j'ai expofé mon fel dans une petite cornue placée fur quelques charbons. Il s'eft fait une vive décrépitation & le fel a pris une couleur noire. Il a paffé quelques gouttes de phlegme pur. Le fel de la cornue ayant été leffivé avec de l'eau diftillée, a laiffé après fa diffolution quelques veftiges de matiere charbonneufe, femblable à celle de la troifieme & quatrieme diftillations. La liqueur filtrée & évaporée a donné du vrai fel marin régénéré.

J'ai déjà dit que la matiere concrète fublimée au col des cornues dans les cinq diftillations, fe liquefioit à la maniere de la cire à l'approche d'un charbon, & qu'à une chaleur plus forte elle fe réduifoit totalement en vapeurs. Cependant fi le feu eft appliqué trop vivement, il refte quelques taches noirâtres fur les endroits qu'occupoit cette matiere faline concrète.

Pour détacher cette fubftance finguliere, j'ai employé féparément l'eau & l'efprit de vin. J'ai obfervé qu'elle étoit foluble dans ces deux menftrues, fur-tout aidés de la chaleur, mais plus dans le dernier. Je n'ai pu

obtenir de criftallifation réguliere en
faifant évaporer ces liqueurs. Le réfidu attaché au parois des vaiffeaux
s'eft terni & humecté par le contact
de l'air, mais cependant a pris par la
fuite l'afpect d'un duvet brillant &
criftallin.

Cette matiere a une très - légere
faveur acide, mêlée d'un fentiment
de fraîcheur & de ftipticité amere.
Elle ne brûle pas fur les charbons;
mais elle s'y confume prefqu'entie-
rement, en fe fondant & en ren-
voyant une vapeur analogue pour l'o-
deur à celle des diftillations précédentes. Jettée fur un peu de nitre en
fufion elle le fait détonner. Elle précipite & grumêle la diffolution d'argent dans l'acide nitreux.

Si l'on verfe fur cette matiere diffoute dans l'eau de l'huile de tartre,
il n'y a point d'effervefcence : il fe
précipite peu-à-peu, fur-tout pendant
l'évaporation de ce mêlange, une matiere terreufe femblable à celle obtenue par la faturation des liqueurs
acides dont j'ai parlé plus haut. Cette

terre expofée à l'air prend une couleur noire. Elle fe diffout dans les acides fans effervefcence marquée. La liqueur décantée de deffus ce dépôt terreux, a laiffé après fon évaporation une matiere faline, qui fans avoir la forme du fel marin régénéré, comme celui que j'avois obtenu des liqueurs acides faturées, en avoit cependant les autres propriétés, celle de décrépiter, de *cailleboter* la diffolution d'argent, &c.

J'ai examiné féparément les produits fixes de toutes les diftillations. J'ai déjà remarqué que ceux des deux premieres avoient éprouvé un certain degré de fufion, & préfentoient une maffe faline concrète à demi-vitrifiée, qui expofée à l'air n'en attiroit pas l'humidité. Ayant verfé peu-à-peu de l'eau diftillée fur ces réfidus pulvérifés, ils ont pris corps fur le champ, à la maniere du plâtre (ce qui eft un des caracteres du fel de Sedlitz); mais ils ont été bientôt rediffous en entier, à l'exception de quelques veftiges de matiere charbonneufe pulverulente

à demi-décompofée ou décolorée, &
d'un peu de felenite, que j'ai dit plus
haut fe retrouver toujours jufque
dans les dernieres portions d'Eau minérale évaporée, & dont par conféquent les réfidus falins diftillés ne
devoient pas être exempts.

Après avoir féparé par le filtre ces
matieres étrangeres à la diffolution,
j'ai fait évaporer les deux liqueurs.
La premiere n'a donné que du fel de
Sedlitz bien pur & bien criftallifé. La
feconde a préfenté en outre un peu
de fel marin à bafe terreufe dans les
dernieres gouttes de liqueur. On
verra d'abord la raifon de cette différence, fi l'on fe rappelle que la matiere faline colorée de la premiere
diftillation avoit été auparavant digérée avec l'efprit de vin. J'en reparlerai ci-après.

Les réfidus réunis de la cinquieme
diftillation ayant été leffivés comme
les précédens, n'ont rien offert de remarquable. Ils ne fe font pas durcis
par l'addition d'un peu d'eau, comme dans les deux premiers cas,

fans doute parce que la grande quantité de terre & de félenite interpofées a empêché la réunion & l'accrétion des molécules de fel de Sedlitz. La chaleur n'avoit pas été affez forte, ni affez long-temps continuée pour calciner la terre, ni pour cuire la félenite. La liqueur de ce lavage filtrée & évaporée n'a donné que du fel de Sedlitz & très-peu de fel marin terreux.

Les réfidus de la troifieme & de la quatrieme diftillations méritoient un examen plus étendu que les trois dont je viens de parler. Qu'on fe rappelle que dans ces deux cas l'opération a été arrêtée lorfque la matiere faline a eu pris l'état charbonneux. Alors j'ai verfé deffus de l'eau tiede pour extraire les fels & pour avoir à part le charbon que j'ai encore lavé une feconde & une troifieme fois. La premiere liqueur a fourni par l'évaporation les mêmes fels que ci-deffus; fçavoir, du fel de Sedlitz & toujours fort peu de fel marin à bafe terreufe. Mais il s'eft en outre formé à la fur-

face de la liqueur, vers le milieu de
l'évaporation, une pellicule en apparence graiffeule que j'ai pareillement
retrouvé dans l'eau des deux autres
lavages, & qui lorfque toute l'eau a
été diffipée par une douce chaleur,
s'eft attachée au fond des vafes fous
la forme de dendrytes ou efpeces de
végétations. Cette matiere chauffée
répandoit une odeur affez agréable,
mais cependant un peu lixivielle.
Preffée avec les doigts contre les parois du verre, elle y laiffoit une tache
opaque, blanchâtre & comme de
graiffe figée. Elle fe diffolvoit dans
l'efprit de vin, & fe diffipoit en vapeurs odorantes fur les charbons,
comme la matiere concrète fublimée
au col des cornues. Elle a auffi, comme cette derniere, laiffé précipiter
une matiere terreufe en verfant fur
fa folution dans l'eau quelques gouttes d'huile de tartre. Mais le fel que
ce mêlange filtré & évaporée a fourni, différroit de celui formé par
la matiere faline fublimée, en ce
qu'il ne décrépitoit pas fur les char-

bons, & ne précipitoit point la diſſolution d'argent. Il avoit un goût d'amertume & de fraîcheur qui n'eſt point celui du ſel digeſtif de *Silvius*.

Le charbon ainſi lavé & ſeché n'avoit aucune ſaveur. Il ne donnoit rien à l'eſprit de vin. Jetté ſur du nitre fondu il y produiſoit une détonnation. Cependant ce n'eſt pas un vrai charbon, puiſqu'il ſe décompoſe dans les vaiſſeaux fermés, comme on l'a déjà vu dans la premiere & la ſeconde diſtillations. J'ai remis dans le même appareil celui - ci bien ſéparé de toute matiere ſaline. Il y a perdu une partie de ſa couleur dans moins d'une heure, en tenant la cornue conſtamment rouge. J'ai arrêté l'opération à ce terme. Les vaiſſeaux refroidis & délutés ont répandu une légere odeur empiremmatique. Il y avoit dans le récipient quelques gouttes de phlegme pur que le charbon avoit retenu de ſes lavages. Une portion de la matiere retirée de la cornue a fait une petite efferveſcence avec l'eſprit de nitre ; mais elle n'a été diffoute qu'en partie, le refte s'eft précipité fous la forme d'une poudre noirâtre.

J'ai remis mon appareil bien luté fur le feu pour continuer la calcination. J'ai vu en effet que la matiere perdoit peu-à-peu fa couleur noire. Cependant elle avoit encore confervé une légere couleur cendrée après deux heures de feu affez vif pour fondre la cornue. Dans cet état elle a fait effervefcence & s'eft combinée avec l'acide nitreux, qui cependant a encore laiffé une petite portion de matiere noirâtre & infoluble. Cette diffolution évaporée jufqu'à ficcité a fourni un fel âcre & déliquefcent.

Ce caractere n'étant pas fuffifant pour me faire reconnoître la nature de la terre, (car il eft connu que la terre calcaire & la terre *fedlitienne* forment avec l'acide nitreux des fels délifquefcens) j'ai employé l'acide vitriolique pour dégager l'efprit de nitre, & j'ai obtenu de ce dernier mêlange du fel de Sedlitz. Je me fuis encore affuré de la juftesfe de cette expérience par un autre moyen. Comme il étoit resté un peu de terre adhérente aux parois de la cornue, j'y ai passé de l'eau distillée bouillante pour la retirer, soit par la simple résidence, soit par l'évaporation, car il s'en étoit dissout une partie dans cette eau. Je l'ai combinée avec l'acide du vinaigre, & il en a résulté un sel déliquescent: ce qui prouve que sa base étoit analogue à celle du sel de Sedlitz: car on sçait que la terre calcaire forme avec le vinaigre un sel concret qui se desséche à l'air, tandis que la vraie magnesie avec le même acide donne un sel incrystallisable, & qui attire puissamment l'humidité.

Il est très-difficile d'établir l'œthiologie de tous les résultats des expériences dont je viens de faire mention, & de déterminer s'ils sont dûs à la présence de quelque matière grasse, ou de quelque substance saline particuliere, contenues dans le résidu des eaux de Contrexeville. La plupart de ces phénomenes semblent même

me

me pouvoir être rapportés à cette
double origine.

En effet l'état onctueux, coloré &
odorant de cette matiere saline avant
d'être distillée, sa décoloration partielle par le moyen de l'esprit de vin,
son refus constant pour la crystallisation, sa liquéfaction à un degré de
feu à peu près égale à celui de l'eau
bouillante, sa décomposition opérée
par une chaleur peu supérieure, le
dégagement prompt & facile d'une
substance acide, en partie fluide, jaunâtre & empiremmatique, & en partie concrête & susceptible de se fondre, la couleur noire que la premiere
combinée avec un alcali a contractée
par son exposition au feu, la dissipa-
tion totale sous la forme de vapeurs
blanches & aromatiques qu'a éprou-
vée la seconde exposée au même
agent, l'apparence charbonneuse du
résidu des distillations, la matiere
saline particuliere, de consistance
onctueuse, obtenue par le lavage du
charbon, la solubilité de cette matiere, ainsi que de la substance con-

C

crête fublimée, dans l'efprit de vin,
la détonnation du nitre en fufion,
produite par cette fubftance concrête
& par la matiere charbonneufe; tous
ces phénomenes, dis-je, font autant de
preuves de l'exiftence d'une matiere
graffe combinée avec les fels : preuves dont l'enfemble pourroit avec
moins de fcrupule paffer pour une
démonftration. Plufieurs de ces phénomenes paroiffent en outre indiquer
une certaine analogie entre cette matiere graffe & le fuccin.

Cependant l'examen ultérieur des
différens produits que je viens de ré-
fumer, peut bien jetter des doutes
fur ces conféquences, & porter à
croire que les fubftances falines coexif-
tantes, ou du moins le fel marin à
bafe terreufe, ( car il paroît que le
fel de Sedlitz eft purement paffif
dans ces expériences ) ont eu beaucoup de part dans la production des
phénomenes finguliers de mes opérations. C'eft ce que femblent prouver, 1°. Le caractere d'acide marin
dans les produits mobiles, tant flui-

des que concrêts des diſtillations. 2°.
La décoloration preſqu'abſolue de la
matiere charbonneuſe dans les vaiſſeaux fermés. 3°. La préſence de la
terre *ſedlitienne* dans cette eſpece de
charbon décompoſé. 4°. La précipitation d'une terre , probablement
analogue à la précédente , produite
par la ſaturation de la matiere ſaline
ſublimée , & de celle retirée par le
lavage du charbon. 5°. Enfin la di-
minution, au moins apparente , du
ſel marin terreux dans les réſidus des
diſtillations.

Il eſt d'autant plus difficile de déterminer d'une maniere plus préciſe
ce qui ſe paſſe dans ces expériences ,
& d'en déduire des connoiſſances plus
poſitives ſur la compoſition de la matiere qui en fait le ſujet , que les objets de comparaiſon , dont on pourroit s'aider , ne ſont pas ſuffiſamment
connus. Les Chymiſtes ne ſont pas
plus d'accord ſur la nature du ſuccin
que les Naturaliſtes ſur ſon origine.
Celle-ci a été recherchée dans les trois
regnes de la nature , & toutes les opi-

nions qu'on a formées fur ce fujet préfentent des difficultés. L'analogie
qu'on a prétendu trouver entre le fel
de fuccin & deux acides très-univer-
fellement répandus dans la nature,
l'acide vitriolique & l'acide marin,
n'eft pas moins difficile à établir. Les
expériences plus modernes qu'on a
faites pour combattre la derniere de
ces prétentions, ne me paroiffent
point décifives, ou du moins leurs
réfultats généralement vrais. L'acide
marin eft bien démontré dans le bitume liquide ou efpece de pétrole
qui fe ramaffe dans différens endroits
d'Alface, & ce fait rend au moins très-
probable la préfence de cet acide dans
d'autres bitumes ; mais il peut y être
plus ou moins méconnoiffable, comme il paroît que cela lui arrive dans
fes combinaifons avec d'autres fubftances minérales.

Ces queftions fur l'origine & fur
la compofition des bitumes en général, & du fuccin en particulier, quoique relatives à mon fujet, ne peuvent être difcutées ici, & tiennent

d'ailleurs à des confidérations plus
générales fur la théorie de la terre,
& fur les productions & les altérations des foffiles. J'ajouterai feulement que la démonftration de la matiere falino - bitumineufe contenüe
dans les Eaux de Contrexeville, & qui
n'eft peut-être qu'une combinaifon
d'acide marin plus ou moins bitumini-
fée, que cette démonftration, dis-je,
eft un problême de Chymie, pour
ainfi dire, auffi compliqué & auffi difficile à réfoudre que celui de déterminer par les moyens analytiques
connus, la nature d'une fubftance
très-compofée du regne végétal, par
exemple du corps extractif. Au refte
fi des recherches ultérieures me fourniffent fur ce fujet des connoiffances
plus pofitives, j'en ferai part au public, fur-tout fi elles peuvent avoir,
comme il paroît, quelque rapport
avec l'Hiftoire chymique & naturelle
des principes qui minéralifent les
eaux en général.

Je n'ai point indiqué jufqu'ici les
proportions de ceux qui entrent dans

la compofition des Eaux de Contrexeville, parce que cela fuppofoit les
détails que je viens de donner fur
l'examen de plufieurs de ces principes. Ainfi je vais réparer ici cette
omiffion, en faifant en gros la répar-
tition de chaque principe, c'eft-à-dire
en donnant le réfumé général du produit des expériences particulieres.

Deux cens livres d'Eau de Contrexeville ont donné huit onces trois
gros de réfidu : ce qui fait un peu
plus de quarante-huit grains par pinte
mefure de Paris ( 1 ). Cette quantité
de réfidu, dont la déficcation ne peut
être radicale, puifqu'elle doit fe faire
à une douce chaleur, contient près de
fept onces tant de félenite que de
terre calcaire, avec un peu de fer. Le
refte eft la matiere faline compofée.

_____

(1) Je dois avertir que cette quantité n'eft
telle que depuis la reconftruction du baffin,
due aux foins & à la générofité de M. l'Abbé
de *Bouville* ; car je l'avois trouvée moindre
d'environ dix grains, fur la même mefure,
avant cette utile réparation.

Ce n'eſt que par approximation qu'on peut indiquer la proportion des in-grédiens de cette derniere, puiſqu'on ne parvient à les ſéparer qu'en les décompoſant en partie. Elle perd environ la moitié de ſon poids par la diſ-tillation, & elle reprend à peu près la même quantité d'eau dans la cryſ-talliſation; enſorte qu'en rapprochant les produits des différentes opéra-tions, j'ai trouvé qu'une once de cette matiere avoit été réduite à quatre gros deux ſcrupules, & que le ſur-plus avoit paſſé ſous la forme de phle-gme acide & coloré & de ſubſtance ſaline concrète ſublimée. Le réſidu lavé a fourni douze grains de ma-tiere charbonneuſe, & ſept drachmes de ſel de Sedlitz bien criſtalliſé. Je n'ai point peſé le peu de ſel marin, à baſe terreuſe, qui ſe trouvoit dans les dernieres portions de liqueur; mais la quantité m'en a paru ſenſi-blement moindre, proportion gar-dée, que celle que j'ai obtenue de trois gros de la même matiere ſaline digérée avec l'eſprit de vin.

Cependant ce dernier menftrue
n'avoit point enlevé la totalité du fel
marin terreux, ou de fa combinaifon
prétendue bitumineufe , puifque la
matiere faline digérée n'a pu criftallifer, & qu'elle a fourni dans la diftillation les mêmes produits, & à-
peu-près en même quantité que celle
qui n'avoit point été mife en digeftion:
circonftance remarquable , non-feulement parce qu'elle peut conduire à
la théorie de ce qui fe paffe dans ces
opérations analytiques ; mais encore
parce qu'elle concourt à prouver qu'il
y a une certaine combinaifon , une
adhérence même très-intime entre
les matériaux de la fubftance faline
compofée. On a d'autres exemples
d'une telle union de plufieurs matieres falines dans les Eaux minérales ;
& c'eft fur-tout dans ces cas que la
Chymie eft en défaut, tant pour dé-
couvrir la maniere d'être de ces combinaifons , que pour les imiter dans
les Eaux minérales artificielles. Au
refte , quant à ce dernier objet , même dans les cas les plus fimples , on

ne peut pas dire que l'art ait atteint
le but de la nature.

Pour connoître la proportion refpective de terre & de félenite contenues dans le réfidu féparé des autres
fubftances, & pour avoir en même-
temps le caractere de cette terre, j'ai
faturé trois onces fix gros de ce mêlange bien defféché avec l'acide du
vinaigre. J'ai préféré le vinaigre diftillé concentré par la gelée au vinaigre diftillé ordinaire, afin d'éviter
que la grande quantité de phlegme
de celui-ci ne diffolvît en même-
temps une portion de la félenite. Le
degré de concentration du premier
le mettoit à l'égard du fecond dans
le rapport de vingt-huit à foixante-
neuf ; d'un autre côté je me fuis
affuré qu'il falloit trois drachmes
de craie bien pure & bien deffé-
chée, pour faturer quatre onces cinq
gros deux fcrupules de ce vinaigre
concentré ; quantité que j'avois employée pour la parfaite faturation du
mêlange de terre & de félenite. J'ai
obtenu de part & d'autre la même

C 5

quantité ( favoir cinq gros après fa
déficcation parfaite ) de fel acéteux
calcaire, abfolument femblable dans
les deux cas : d'où il fuit que la terre
diffoute dans nos eaux eft purement
calcaire & fans aucun mêlange de
terre fedlitienne, ( ces deux terres y
font néanmoins combinées, comme
il a été dit plus haut, chacune avec
les deux acides vitriolique & marin,)
& qu'elle s'y trouve relativement à
la félenite dans la proportion d'un
dixieme.

Quant au fer, on n'en retrouve
que fort peu dans le mêlange ci-deffus
de terre & de félenite. Au refte, la
paucité de cette fubftance, que j'ef-
time tout-au-plus à un grain par pinte
dans l'eau inaltérée & prife à la fource, fa très-légere adhérence à ce
menftrue, qui ne lui permet pas de
fupporter le tranfport, la chaleur ou
même la fimple expofition à l'air,
fans fe précipiter, ( du moins fi l'on
en juge par les réactifs ordinaires,)
fon état en partie métallique, diffoluble par les acides & attirable par

l'aimant, & en partie terreux ou
d'ochre privé, au moins en grande
partie, de son phlogistique ; toutes
ces circonstances, dis-je, ne méritent
ici aucune considération particuliere,
puisqu'elles sont très-communes &
presque généralement observables
dans la classe très-étendue des Eaux
minérales ferrugineuses, dites simples ou non vitrioliques, c'est-à-dire,
dans lesquelles le fer n'existe pas sous
forme de combinaison saline.

Il est assez généralement reçu que
c'est l'air qui dans ce dernier cas tient
le métal en dissolution. On se fonde
sur ce que dans les eaux aérées, le fer
est plus adhérent que dans celles qui
le sont peu, & sur ce qu'à mesure
qu'elles perdent cette qualité, par la
secousse, par l'exposition à l'air ou
sous le récipient de la machine pneumatique, la substance métallique se
précipite. La propriété qu'ont les
eaux aérées artificielles de dissoudre
très-promptement le fer, est encore
une preuve en faveur de cette opinion. Cependant on a aussi prétendu

C 6

que le fer étoit diſſoluble dans l'eau
par lui-même & ſans aucun intermede , & l'on s'eſt appuyé non-ſeulement ſur l'obſervation très-fréquente
des eaux ferrugineuſes , qui ne ſont
pas ſenſiblement aérées ou plûtôt gazeuſes , & ſur ce qui ſe paſſe dans la
préparation de l'éthiops martial de
*Lemery* , dans laquelle l'eau ſe trouve
imprégnée de fer. Cette derniere
preuve a été révoquée en doute ,
peut-être à cauſe de quelque différence dans la maniere de procéder ,
ou dans le choix des matieres employées : ce qu'il y a de ſûr, c'eſt que
je n'ai retrouvé aucun veſtige de fer ,
par les épreuves ordinaires , dans
l'eau gardée bien bouchée , une fois
depuis ſix mois , & une ſeconde depuis plus de dix ans ſur de l'éthiops
martial. Enfin , on a encore voulu
renouveller , depuis peu , les prétentions de l'ancienne Chymie ſur l'exiſtence & ſur la grande altérabilité du
vitriol de mars dans les Eaux minérales ; mais les preuves qu'on en a
données ne ſont rien moins que dé-

cifives. Au reste, cette variété d'o-
pinions fur la maniere d'être du fer
dans les eaux, pourra fubfifter auffi
long-temps que la Chymie manquera
de moyens sûrs & démonftratifs pour
parvenir à cette connoiffance. Nous
nous en tenons ici à ceux qui ont au
moins un grand degré de probabilité,
pour croire que le fer eft diffous par
l'air dans les Eaux de Contrexeville,
quoique, comme nous l'avons dit
plus haut, elles ne foient pas fenfiblement gazeufes, mais feulement
plus aérées que l'eau ordinaire.

La diffolution des terres calcaires
ou alcalines, n'offre pas moins de
difficultés & a également partagé les
Chymiftes. Le fentiment le plus reçu
eft encore celui dans lequel on re-
garde l'air comme l'intermede de
cette diffolution ; mais il préfente
des contrariétés, au moins apparen-
tes, & dont il eft bien difficile de
rendre compte. Je ne rapprocherai
que celles qui font relatives à mon
objet.

Les partifans de ce fyftême pré-

tendent que c'est en privant la terre
calcaire ou la magnesie de leur air
principe, qu'on les rend solubles dans
l'eau, & que d'un autre côté, en im-
pregnant ce même fluide de ce prétendu air fixe, on lui donne la propriété de dissoudre ces substances
terreuses. Ils observent en outre,
que la terre devenue soluble par le
premier moyen, est précipitée par le
second, c'est-à-dire, par l'addition de
l'air fixe en substance ou combiné avec
l'eau; & qu'enfin une nouvelle quantité de ce principe, sous l'une ou
l'autre forme, redissout la terre qu'il
avoit précipitée.

Ces expériences, bien loin de
nous conduire à la connoissance des
moyens que la nature emploie pour
dissoudre la terre dans les Eaux minérales, semblent rendre plus difficile l'explication de ce fait. Les uns
ont cru que c'étoit par voie de calcination, d'autres par voie de combinaison que cette solubilité étoit opérée; mais dans l'une & l'autre sup-
position, comment concevoir que la

privation & la préfence du même principe, puiffe produire le même effet, & que ce principe, quel qu'il foit, puiffe déterminer deux effets contraires, la folution & la précipitation de la terre.

Indépendamment d'aucune explication, il étoit naturel de penfer que la terre calcaire dans ces divers états de diffolution, devoit avoir des propriétés différentes. C'eft ce qui m'a engagé à faire quelques expériences de comparaifon fur l'eau de chaux, fur une eau aérée factice tenant de la terre calcaire en diffolution, fur une eau minérale gazeufe & calcaire, & enfin fur une eau minérale pareillement calcaire, mais non gazeufe. Je me fuis fervi dans ces deux derniers cas de l'eau de Buffang (1) & de celle de Contrexeville.

Ces quatre liqueurs placées fous le récipient de la machine pneumatique, & en même-temps expofées

---

(1) Voyez plus bas le Précis d'Analyfe de cette Source, pag. 69.

en pareille quantité au contact de l'air libre, & à celui des vapeurs degagées d'un mêlange effervescent d'acide vitriolique & de terre calcaire, ont préfenté des phénomenes bien différens, quant au dégagement du principe volatil & quant à la féparation de la fubftance terreufe.

La formation des premieres bulles & le bouillonnement ont été à-peu-près auffi fenfibles & auffi prompts, fous le récipient privé d'air, dans l'eau aérée artificielle & dans l'eau de Buffang. Ces phénomenes étoient beaucoup plus confidérables que dans l'eau de chaux & dans l'eau de Contrexeville; mais ils ont duré plus long-temps dans celles-ci, fur-tout dans l'eau de chaux; car ayant gardé ces liqueurs plus de douze heures dans le vuide, en donnant de temps-en-temps quelques coups de pifton, j'ai toujours remarqué qu'il fe faifoit un dégagement de bulles dans l'eau de chaux, tandis qu'après la premiere heure il n'en paroiffoit plus dans les deux eaux

gazeuſes, & après quatre ou cinq
heures dans l'eau de Contrexeville.
Au reſte, j'ai obſervé que ces effets
étoient plus marqués dans ces liqueurs récentes.

Il eſt bien difficile d'établir des
rapports entre le dégagement des
bulles & la ſéparation de la terre :
ce qui pourroit faire croire que ces
phénomenes ſont indépendans l'un
de l'autre, ou qu'ils tiennent à des
circonſtances particulieres dans les
différens cas. Cependant j'ai remarqué, 1°. que la pellicule qui commence preſque inſtantanément ſur
l'eau de chaux, ſoit ſous le récipient,
ſoit à l'air, prenoit un accroiſſement
plus rapide dans le premier cas, mais
qu'enſuite, c'eſt-à-dire, dans l'inter-
vale de neuf ou dix heures, elle étoit
à-peu-près égale de part & d'autre.
2°. Que l'eau de Contrexeville, ſur-
tout ſi elle étoit ancienne, éprouvoit
beaucoup plus lentement cette dé-
compoſition que l'eau de chaux, &
que de-même, elle ſe faiſoit d'une
maniere plus ſenſible ſous le réci-

pient, que dans celle exposée à l'air.
3°. Que l'eau de Buſſang récente,
ainſi que l'eau gazeuſe factice, ſe
troubloient & dépoſoient une terre
très-promptement dans le vuide,
tandis qu'expoſées à l'air libre, il ſe
forme très-lentement une pellicule,
ou plutôt des petites écailles iſolées
à leur ſurface : phénomene que j'ai
également remarqué dans l'eau de
Buſſang ancienne, miſe ſous le récipient. Néanmoins, dans ce dernier
cas, le dégagement des bulles eſt
bien plus rapide que dans l'eau de
chaux, de laquelle cependant la terre
ſe ſépare beaucoup plus vîte, ( ce
qui peut venir de ce qu'elle en eſt
plus chargée,) & ce n'eſt que lorſque
l'ébullition a été entiérement finie,
que j'ai vu ſe raſſembler à la ſurface
cette eſpece de pouſſiere criſtalliſée.
J'ai obſervé la même choſe dans l'é-
vaporation de l'eau de Buſſang. Au
reſte la terre calcaire ſéparée de ces
quatre eſpeces d'eau par tous ces
différens moyens, paroît être abſolument de même nature.

Les quatre mêmes liqueurs ont
été expofées dans un appareil convè-
nable à la vapeur dégagé du mêlange
effervefcent de terre calcaire & d'efprit de vitriol, & auffi mêlées à proportion égale avec l'eau diftillée im-
pregnée de cette vapeur. Il n'y a eu
que l'eau de chaux qui ait abandonné
& laiffé précipiter fa fubftance terreufe.

J'ai pareillement foumis ces liqueurs à différentes épreuves par les
réactifs, toujours dans la vue de reconnoître la maniere dont le principe
terreux y eft diffous. (J'ai tâché de
déduire & d'eftimer à part le jeu réciproque de ces réactifs avec les autres matieres contenues dans les deux
Eaux minérales de Contrexeville &
de Buffang.) Dans toutes ces liqueurs
le principe terreux eft précipité par
les alcalis. Il verdit le fyrop violat.
Il précipite le mercure diffous par
l'acide nitreux, & décompofe le favon. Mais ces phénomenes communs
fe préfentent avec des différences
d'intenfité très-remarquables dans

ces quatre liqueurs : différencés qui
me paroiſſent en général relatives à
la quantité & à l'état de combinaiſon
plus ou moins intime du principe
qui donne la ſolubilité à la terre
calcaire.

C'eſt ce principe indéfini , connu
ſous tant de dénominations différentes , qui occupe aujourd'hui la plus
grande partie des Chymiſtes , & qui
produit parmi eux des ſchiſmes , dont
il a déjà réſulté & dont il réſultera ſans
doute encore de très-grands avantages
pour cetté Science. Mais ce protée
ſi univerſellement répandu dans la
nature , & à qui on fait jouer des
rôles ſi différens dans la théorie chymique , eſt encore bien loin d'être connu
ſous toutes ſes formes & dans toutes
ſes combinaiſons.

# PRÉCIS D'ANALYSE

## DE LA

# SOURCE DE BUSSANG.

LES principes fixes de cette source font au nombre de cinq : fçavoir, du fer, du *natrum*, du fel marin, de la terre calcaire & de la magnefie. La totalité de ces minéraux eft de vingt-fix grains par pinte, mefure de Paris. Le fer paroît y être en auffi petite quantité que dans la fource de Contrexeville ; fçavoir, d'environ un grain par pinte, mais il y eft plus adhérent. Cette eau tranfportée au loin & gardée plufieurs mois dans des bouteilles bien bouchées, conferve la propriété de changer de couleur avec l'infufion de noix de galle. Elle en prend alors une femblable à celle d'un vin paillet, tandis qu'à la fource ce mêlange devient fur le champ d'un pourpre affez foncé. Dans l'un & l'autre cas il fe fait avec le temps un dé-

pôt plus ou moins noirâtre, qui laiſſe
appercevoir dans la liqueur qui le ſur-
nage une belle couleur verte, dûe à
la préſence de l'alcali fixe dans cette
eau.

La proportion des matieres ſalines
& des matieres terreuſes eſt à peu près
la même : mais la quantité du *natrum*,
par rapport au ſel marin, & celle de
la terre calcaire par rapport à la terre
*ſedlitienne*, eſt plus conſidérable.

La terre calcaire ſe ſépare la premiere dans l'évaporation de cette
eau. La magneſie ſe retrouve juſques
dans les dernieres portions de liqueur,
& même dans l'eau qu'on emploie
pour rediſſoudre le réſidu ſalin de
l'évaporation : ce qui ſemble prouver
qu'elle eſt juſqu'à un certain point
adhérente à la matiere ſaline, ou
qu'elle approche plus que la terre
calcaire de la nature alcaline.

Pluſieurs autres ſources minérales
gazeuſes que j'ai examinées ou dont
j'ai comparé l'analyſe avec celles des
eaux de Buſſang, contiennent évi-
demment les mêmes principes, &

ne diffèrent que par la proportion.
Dans toutes on trouve du sel marin
& de l'alcali de soude.

Il n'est pas possible de séparer complettement ces deux sels par voie
de cryſtalliſation. Leur mêlange retient toujours les propriétés mixtes
relatives à la dominance de l'un ou
de l'autre. En n'examinant que ſu-
perficiellement ces différens produits, on pourroit croire qu'ils ne
contiennent que de l'alcali ou que
du sel marin.

Les premiers cryſtaux cubiques &
figurés en eſpece de tremies qu'on
obtient dans l'évaparation très-ména-
gée des eaux gazeuſes dans leſquelles
le sel marin domine, ces premiers
cryſtaux, dis-je, retiennent toujours
un peu d'alcali fixe. La configuration
de ce dernier sel eſt plus apparente
dans les cryſtalliſations ſuivantes,
dont les réſultats deviennent de plus
en plus âcres & colorés en jaûne. Au
contraire dans les eaux gazeuſes plus
abondantes en sel de soude, c'eſt
principalement dans les derniers pro-

duits que se manifeste la présence du
sel marin, & dans ce cas la forme
de ses cryftaux n'eſt pas réguliere. Au
reſte ces événemens peuvent varier
par différentes circonſtances, par divers accidens de la cryſtalliſation.
Auſſi ce moyen n'eſt-il pas à beaucoup
près ſuffiſant pour déterminer la
quantité reſpective de ces deux sels.

    Leurs épreuves par les diſſolutions
d'argent & de mercure dans l'acide
nitreux ſont tout auſſi peu préciſes
& concluantes. Le premier de ces
réactifs préſente avec le réſidu ſalin
compoſé un précipité blanc plus ou
moins grumelé, contenant de l'ar‑
gent corné & de la chaux d'argent,
ou plutôt une combinaiſon de cette
ſubſtance métallique avec ce qu'elle
retient de ſon diſſolvant & de la ſubſ‑
tance alcaline qui la précipite.

    La diſſolution mercurielle eſt d'a‑
bord précipitée en blanc, ſi le ſel ma‑
rin domine dans le réſidu. Cépendant
en continuant d'ajouter peu-à-peu de
ce mêlange ſalin, on voit paroître
dans la liqueur une matiere jaunâ‑
tre,

tre , qui bientôt après fe confond
avec le premier précipité. Si au contraire l'alcali minéral domine dans le
réfidu, le mercure paroît dans le moment avec une couleur jaune très-
foncée qui s'efface peu-à-peu & devient d'un citron clair, ( ce qu'il faut
attribuer au mêlange de ce vrai précipité mercuriel avec le fel formé par
l'acide marin, & l'autre portion de
mercure; ) mais fi on ajoute une nouvelle quantité du réfidu, ou bien fi
dès la premiere fois on en a mis fuffifamment pour décompofer tout le
fel nitreux mercuriel, alors la couleur jaune briquetée fubfifte dans le
précipité.

Ces mêmes phénomenes ont lieu,
& avec les mêmes variétés, fi on
mêle, en différentes dofes, les diffolutions d'argent & de mercure avec
les Eaux minérales, foit inaltérées,
foit concentrées par l'évaporation.
D'où l'on voit qu'il faut bien peu
compter fur de pareils réfultats. Il
n'eft peut-être pas d'Eaux minérales
dans l'examen defquelles l'emploi

D

des réactifs soit auffi équivoque ou plus fufceptible d'erreur que celles dont il eft ici queftion.

Plufieurs des phénomenes que je viens de rapporter, & quelques confidérations déduites de faits chymiques analogues, m'avoient d'abord porté à croire que le fel marin & l'alcali minéral étoient combinés entr'eux dans les eaux gazeufes, & qu'il falloit moins les confidérer comme deux fubftances falines diftinctes, que comme un fel marin avec furabondance d'alcali ; mais j'ai obtenu à peu près les mêmes réfultats en mêlant à différentes proportions, en faifant diffoudre & évaporer enfemble du fel marin & du fel de foude bien purs.

D'ailleurs pour opérer la féparation de ces deux fubftances contenues dans les produits criftallifés de l'évaporation des Eaux minérales, il fuffit d'y verfer de l'acide du vinaigre qui s'empare très - promptement & avec une vive effervefcence de l'alcali. En faifant évaporer ces mêlan-

ges, le fel marin paroît le premier
fous fa forme ordinaire, & on obtient
enfuite un fel aceteux à bafe *natreufe*.
C'eft en m'y prenant ainfi que j'ai
découvert la quantité relative de fel
marin & de *natrum* confondus dans
les produits des cryftallifations fuc-
ceffives, & la quantité abfolue de
chacun de ces fels dans le réfidu entier des différentes Eaux minérales.
Pour cela il me fuffifoit de fçavoir
combien j'employois d'alcali minéral
bien pur & bien defféché pour faturer
parfaitement une quantité de vinaigre diftillé, concentré par la gelée,
égale à celle qui étoit néceffaire pour
obtenir le point de faturation d'une
quantité donnée des réfidus falins
compofés pareillement bien deffé-
chés.

Au refte je renvoie l'examen plus
circonftancié de la maniere d'être des
matieres falines & terreufes dans les
eaux gazeufes en général, à l'analyfe
plus détaillée que je donnerai de la
fource de Buffang. Source aujour-
d'hui très-intéreffante par l'ufage fré-

quent & avantageux qu'on en fait
dans la plupart des Provinces du
Royaume, principalement contre certaines affections des nerfs & de la
poitrine. On prend ces Eaux pures &
froides, ou bien coupées & dégour-
dies avec le lait, dont elles ſecondent
fort bien les bons effets, & dont elles
préviennent ou corrigent les inconvéniens. Le lait eſt en même-temps très-
propre pour tempérer l'activité ,
quelquefois trop conſidérable, de ces
eaux. En Lorraine on en boit beaucoup, ſur-tout pendant les chaleurs
de l'Eté, ſoit par agrément, ſoit dans
la vue de ſe rafraîchir, en les mêlant
avec le vin , auquel elles donnent la
ſaveur piquante ou le *grater* des vins
de Champagne. Dans ces dernieres
vues les eaux très-gazeuſes & peu ſalines méritent la préférence ſur les
eaux qui ſont plus chargées de ſel.

Il paroît encore que les effets mé-
dicamenteux de ces eaux ſont rendus
moindres dans celles dont le principe
dominant eſt le ſel marin, à cauſe de
l'uſage habituel & journalier que

nous faifons de ce fel dans nos ali-
mens; quoique cependant on ne puiffe
établir une comparaifon exacte entre
la maniere d'agir, d'ailleurs peu con-
nue, de cette fubftance, confidérée
comme *altérant* dans le premier cas,
& comme *affaifonnement* dans le
fecond. Au furplus, ce n'eft pas feulement fous l'afpect contraire, ou de
*l'inhabitude*, que les eaux gazeufes
alcalines, c'eft-à-dire, celles dans
lefquelles le *natrum* abonde, femblent mériter la préférence. Ce fel a
en outre des vertus que n'a pas le fel
commun.

Quant aux propriétés médicinales
de ces Eaux, principalement & felon
quelques Auteurs, prefqu'uniquement déduites de leur principe volatil, on ne peut qu'imparfaitement
les apprécier, au défaut d'obfervations fuffifantes. Le raifonnement
fuggere que c'eft particuliérement
dans les premieres voies que ce principe actif & mobile doit exercer fes
effets, fur-tout, fi on veut les expli-
quer, comme il paroît naturel de le.

faire, par le fystême des folidiftes modernes. La prétendue qualité antifeptique de ce même principe, qui a fait recommander les eaux gazeufes factices ou naturelles dans les maladies putrides topiques & générales, n'eft pas fi bien établie. Cette derniere opinion, conçue dans le vrai fens de fes partifans, fuppofe, outre la connoiffance de cet être volatil, de ce *gas*, & la réalité de fa vertu antifeptique, fuppofe, dis-je, fon introduction & fon développement dans toutes les parties du corps, fon mêlange & fa combinaifon avec fes principes conftitutifs.... Ces queftions de Chymie médicinale font d'un ordre trop fupérieur pour nous en occuper ici.

P. S. *Il eft peu de Provinces auffi riches en Eaux minérales que la Lorraine, tant par la quantité que par la variété. Outre celles de Contrexeville & de Buffang, il en eft plufieurs autres fort connues & très-fréquentées, telles font celles de Plombieres, de Bains,*

& dans les environs celles de Bourbonne
& de Luxeuil. Il y en a encore quelques autres , déjà uſitées dans leur
canton , qui d'après l'Analyſe que j'en
ai commencée , différent à pluſieurs
égards des Sources précédentes. Je tâ-
cherai d'en donner le tableau comparé ,
avec leur poſition reſpective , ſoit dans
les vues médicinales , ſoit pour l'objet
minéralogique.

# VERTUS

## DES EAUX MINÉRALES

### *DE CONTREXEVILLE.*

Les Chymistes & les Médecins ont chacun leur maniere de reconnoître & de déterminer les vertus des Eaux minérales, & ça toujours été une question de sçavoir laquelle étoit la meilleure ou la plus sûre. Le détail des raisons qu'on a données de part & d'autre, pour discuter & pour établir cette préférence, feroit aisément sentir que ce n'est qu'en réunissant les recherches chymiques les plus exactes aux observations médicinales bien constatées, qu'on parviendra à former des régles précises & certaines sur l'emploi de ces remedes.

Nous avons fait suffisamment connoître la nature de la Source de Contrexeville dans la premiere Partie.

Mais quoique cette connoiſſance donne de très-grandes inductions pour
l'eſtimation de ſes propriétés, cependant elle a beſoin d'être appuyée de
l'analogie & de l'obſervation pratique. C'eſt ce qui fera le ſujet de cette
ſeconde Partie.

Les Eaux minérales ſalines ſont en
général reconnues pour être diurétiques, apéritives, réſolutives, toni-
ques & ſtimulantes. Cette multipli-
cité de vertus, jointe à la qualité dé-
layante & humectante du véhicule
aqueux comme tel, les fait preſqu'in-
diſtinctement employer dans le plus
grand nombre des maladies chroni-
ques. L'analyſe indique que les différentes eaux ſalées doivent poſſéder
ces vertus communes à des degrés
différens; mais c'eſt par l'uſage qu'il
faut conſtater les différences de leurs
opérations.

La qualité & la quantité des principes qui conſtituent la minéralité
des Eaux de Contrexeville, & qui,
peut-être, ne ſe rencontrent telles
dans aucune autre ſource minérale,

du moins de celles qui font connues,
les font fans doute participer aux propriétés génériques des eaux falines,
mais en même temps portent à croire
qu'elles doivent être diftinguées à
plufieurs égards. L'obfervation a déjà
prouvé qu'elles étoient efficaces contre les maladies obftructives & ner-
veufes. M. Bagard rapporte plufieurs
guérifons de maladies des nerfs, de
la peau, des glandes & des articulations opérées par l'ufage tant externe
qu'intérieur de ces eaux : mais c'eft
fur-tout dans les affections des voies
urinaires qu'il les a trouvées recom-
mandables : & c'eft ce qui mérite une
attention particuliere.

Il n'y a peut-être pas de maladies
qui ait autant exercé les Médecins
que la gravelle. Les dangers & les
fouffrances de la lithotomie les ont
engagé de tout temps à rechercher un
remede capable de diffoudre les pierres dans la veffie. Leurs tentatives
n'ont pas été tout-à-fait infructueu-
fes ; mais il s'en faut bien que leurs
vœux foient remplis à cet égard. La

Chirurgie, au contraire, a fait beaucoup de progrès, & a porté, ce fem-
ble, au dernier degré de perfection,
l'opération de la taille.

La plûpart des remedes propofés
contre les calculs, ont été jugés &
célébrés d'après des guérifons très-
équivoques, ou fur de fimples expériences faites hors du corps : expériences dont il paroît qu'on a mal
eftimé les réfultats, mal déduit les
applications, & dans lefquels on a
fouvent confondu l'effet lithontriptique avec l'effet diffolvant, ce qui
fait qu'elles ne font rien moins que
décifives.

Le remede Anglois ou de Made-
moifelle *Stephens*, confiftant en pré-
parations calcaires & favonneufes,
corrigé & fimplifié de diverfes manieres, a joui pendant long-temps
d'une célébrité, pour ainfi dire, ex-
clufive. On lui a enfuite fubftitué,
ou bien on lui a affocié, dans la vue
de le rendre plus actif, l'eau de
chaux, fur tout celle d'écailles d'huî-
tres (ce qui paroît d'autant plus fin-

D 6

gulier, que ces deux fubftances, le favon & l'eau de chaux s'alterent & fe décompofent mutuellement ) (1).

---

(1) Cette décompofition eft bien digne de l'attention des Chymiftes. Je me contenterai d'expofer ici les principaux phénomenes qu'elle préfente, fans en donner l'étimologie. On verra, ou du moins il me paroît, qu'ils font plus conformes au fyftême de ceux qui font dériver les propriétés de la chaux vive & des alcalis cauftiques d'une nouvelle combinaifon, qu'à l'hypothefe qui admet pour caufe de ces propriétés une privation réelle.

J'ai fait mes expériences avec l'eau de chaux ordinaire, récente, & avec le favon blanc médicinal nouvellement fait. Le temps opere fur ces deux fubftances des altérations qui peuvent faire varier les réfultats.

L'eau de chaux, au lieu de diffoudre le favon, le réduit en floccons légers, volumineux, foit qu'on lui préfente en maffe, foit diffout dans l'eau pure, mais plus promptement dans ce dernier cas. Si on triture le favon avec l'eau de chaux, en ajoutant peu-à-peu cette derniere, on obtient une émulfion auffi homogene & auffi durable qu'avec l'eau pure. Mais fi on verfe fur ces deux mêlanges une fuffifante quantité d'eau de chaux, tout le favon fe fépare & la liqueur refte claire & privée de

Ces remedes, dont les analogues étoient anciennement connus dans l'art, & employés contre le même mal, ont été appuyés par des obser-

---

toute la terre calcaire. Si la dose d'eau de chaux n'est pas suffisante, la couleur laiteuse n'est que diminuée par la séparation du savon décomposé : l'autre reste dans la liqueur sans avoir éprouvé aucune altération. Si, au contraire, l'addition d'eau de chaux est trop considérable, la liqueur séparée du précipité savonneux, retient encore toutes les propriétés, seulement affoiblies, de l'eau de chaux.

Il suffira d'examiner ici les résultats du mélange d'eau de chaux & de savon fait au juste point de saturation, en avertissant qu'on ne peut fixer d'une maniere précise la quantité de ces deux substances requise pour opérer complettement leur décomposition mutuelle, puisque l'eau de chaux peut être plus ou moins forte ou chargée de terre calcaire.

Le précipité qui se forme dans ces expériences, est une combinaison de la terre calcaire de l'eau de chaux avec l'huile du savon, & la liqueur filtrée ne contient que l'alcali dégagé de sa combinaison savonneuse. Cet alcali, obtenu par l'évaporation, est gras, d'une couleur jaune, peu caustique, susceptible de concrétion, mais non de crystallisation

vations dont plufieurs paroiffent in-
conteftables : auffi ont-ils été adoptés
affez généralement.

Ils ont néanmoins trouvé des en-

---

régulier. Il n'attire que fort peu l'humidité.
L'efprit de vin lui enleve facilement fa matiere graffe , & alors il m'a paru ne différer
en rien de l'alcali de foude. La matiere graffe
donne à l'efprit de vin une couleur jaune foncée. Cette diffolution rapprochée ne fe trouble point par l'addition de l'eau. Ces deux liqueurs , diffipées par l'évaporation , laiffent
un réfidu onctueux , de couleur brune-jaunâ-
tre , qui n'a qu'une très-légere faveur fade &
naufeufe. Expofé à l'action du feu & de l'acide
vitriolique concentré , il devient plus épais ,
noir & charbonneux.

Le nouveau favon calcaire eft très-remar-
quable par fes propriétés. Si on le fait deffé-
cher à une douce chaleur , il devient friable
& ne conferve plus que l'afpect un peu favonneux dans fa coupure. Expofé à une chaleur
plus confidérable , il fe fond à la maniere des
réfines , & fe laiffe tirer en filets très-allongés,
tranfparens & foyeux , qui , auffi-tôt qu'ils font
refroidis , deviennent caffans & très-fufcepti-
bles de pulvérifation.

Deux autres qualités de ce favon fingulier ,
qui le rapprochent encore des réfines , c'eft

nemis; & c'eft ce qui arrive prefque toujours aux remedes nouveaux annoncés avec éclat. On les a accufé non-feulement d'être préjudiciables

---

d'être abfolument infoluble dans l'eau, qui ne fait au contraire que le durcir de plus en plus, fi on le tient en digeftion, & de fe laiffer diffoudre par l'efprit de vin. Mais dans ce dernier cas le concours de la chaleur eft néceffaire, & à mefure que l'efprit de vin fe refroidit, après avoir été filtré, il abandonne le favon qu'il avoit diffout.

Les trois acides minéraux & le vinaigre diftillé, dégagent facilement & fans effervefcence marquée, la terre calcaire de ce compofé favonneux, même après qu'il a été fondu & *réfinifié* en apparence. Dans tous ces mélanges, l'huile, devenue libre, vient nager à la furface, & la liqueur évaporée fournit des fels neutres, abfolument femblables à ceux qui réfultent de l'union de ces différens acides avec la terre calcaire pure.

Mais ce qu'il y a de plus remarquable dans toutes les expériences que j'ai faites fur ce favon terreux, c'eft qu'il eft décompofé par les alcalis ordinaires, & non par les alcalis cauftiques. En le tenant en digeftion dans une diffolution de fel de tartre ou de fel de foude, fon huile fe recombine peu-à-peu avec

à la fanté, & de ne pas guérir de la
pierre, mais même d'augmenter les
difpofitions & les concrétions calculeufes. Quoique ces reproches confidérés en foi, & d'une maniere générale, n'aient point du tout été prou-

---

l'alcali, & la terre calcaire précipitée, lavée &
féchée fait effervefcence avec les acides. La
leffive cauftique des Savonniers, pareillement
aidée de la chaleur, durcit au-lieu de diffoudre le favon calcaire. Cependant en l'étendant
de cinq à fix parties d'eau, elle attaque un
peu ce favon à fa furface, mais il paroît que
ce n'eft qu'en raifon de la perte qu'elle fait
du principe de fa caufticité, par fa longue
expofition à l'air & à la chaleur.

Le favon refait dans les expériences avec
les alcalis non cauftiques, eft derechef décompofé par l'eau de chaux, & avec les mêmes circonftances que ci-deffus, fi l'alcali ne
fe trouve pas en excès dans ces mélanges.
L'alcali cauftique, verfé fur une diffolution
de ce favon, ou du favon blanc employé dans
les expériences précédentes, y produit fur le
champ une féparation, une efpece de concrétion, en apparence femblable à celle opérée
par l'eau de chaux. Mais le caillé de la premiere opération differe des floccons grume-
leux de la feconde, en ce qu'il eft très-facile-

vés, cependant ces remedes ont beaucoup perdu de leur crédit. On ne les
emploie plus guere aujourd'hui qu'au
défaut de plus sûrs & de plus efficaces, ou bien l'on reftreint leur effi-
cacité à quelques cas particuliers de
calcul.

Toutes ces confidérations font bien
fuffifantes pour engager les Médecins
à des recherches ultérieures contre
une maladie fi grave & fi commune.
C'eft particulierement dans cette vue
que j'ai entrepris l'examen plus particulier des propriétés chymiques &
médicales des Eaux de Contrexeville.

Je n'ignorois pas que beaucoup de
fources minérales, tant chaudes que
froides de toutes les efpeces, avoient

---

ment diffoluble dans l'eau pure, & fufceptible
d'être décompofé par l'eau de chaux, en un
mot, tel qu'il étoit avant d'être expofé à l'action de l'alcali cauftique : en forte, que l'effet
de ce dernier fur le favon diffout, doit être
regardé comme une fimple précipitation, due
à la plus grande affinité de l'eau avec l'alcali
cauftique qu'avec le favon.

eu quelque réputation comme lithontriptiques ; que plufieurs même, quoiqu'à peine minérales, avoient été données pour fpécifiques dans les maladies calculeufes ; & qu'enfin on avoit
accordé à quelques-unes la préférence
fur l'eau de chaux, regardée alors
comme le lithontriptique par excel-
lence. ( V. *Springsfeld*, *de præro-
gat. Therm. Carolin. in diffolvando
calculo veficæ, præ aqua calcis vivæ* ).

D'après cela, il étoit tout naturel
de penfer que des médicamens fi différens entre-eux, ne pouvoient avoir
contre le même mal qu'une vertu pré-
caire ou mal obfervée, ou bien que
s'ils en avoient une réelle, ce n'étoit
que comme corps aqueux. C'eft fur-
tout dans cette circonftance que je
fentis les inconvéniens de l'empi-
rifme feul, pour apprécier les remedes, & la néceffité des connoiffances chymiques, pour rectifier &
pour étendre l'obfervation, pour prévenir les erreurs & corriger les pré-
jugés. Mais je jugeai en même temps
que pour remplir plus complettement

mon objet, c'est-à-dire, pour déterminer d'une maniere précise les rapports de la prétendue propriété lithontriptique de nos eaux à leur composition, j'avois besoin de connoître le mal dans son essence, & s'il étoit possible la maniere d'agir du remede.

Les travaux, quoique très - multipliés, des Chymistes-Médecins sur la formation & les principes des concrétions calculeuses, laissent encore beaucoup à desirer. Je vais rapporter succintement ce que la lecture de ces ouvrages & des expériences particulieres m'ont appris là dessus de relatif à mon objet actuel. Me proposant de pousser plus loin mes recherches, & de les présenter par la suite au Public dans un ouvrage chymique & médicinal sur les humeurs animales considérées en état de santé & de maladie; ouvrage qui manque essentiellement dans l'art.

Les expériences les plus simples découvrent dans la composition des calculs, des matieres terreuses & muqueuses. L'air y est aussi facilement démontrable ; mais il n'eſt pas auſſi aiſé d'y conſtater la préſence des matieres ſalines.

Soit que l'on attaque la compoſition des calculs, par le moyen des liqueurs acides, pour en extraire le principe terreux, & pour en dégager l'air qui y eſt combiné ; ſoit qu'on enleve par les menſtrues aqueux, la matiere muqueuſe qui ſert de ciment aux molécules terreuſes, & les ſubſtances ſalines qui peuvent s'y rencontrer ; ſoit enfin qu'on emploie le ſecours du feu pour ſéparer & pour manifeſter ces différens matériaux, on remarque qu'ils y ſont non-ſeulement en différentes proportions & dans différents états, mais encore combinés entr'eux de diverſes manieres : & c'eſt de-là que dérive la très-grande variété de ces concrétions.

Dans la nomenclature vulgaire on en diſtingue pluſieurs eſpeces, telles ſont les pierres murales ou ſiliceuſes, les calcaires ou crétacées, les graveleuſes ou aréneuſes. Mais ces diſtinctions ont été plutôt déduites de quelques qualités extérieures que de la connoiffance de leur compofition intime. Plufieurs de ces pierres, furtout les dernieres, font manifeftement formées de plus petites collées enfemble, & on pourroit raifonnablement foupçonner une pareille compofition dans celles qui ne la préfentent pas aux fens. Cependant il y en a dont la fubftance eft fi égale, fi homogene & fi compacte, qu'il paroiffoit vraifemblable de croire qu'elles doivent leur accroiffement à l'application fucceffive des molécules calculeufes ifolées autour d'un noyau quelconque, ou bien à la pénétration de ces mêmes molécules, encore diffoutes dans l'urine, à travers une bafe perméable dans laquelle elles fe dépofent en y adhérant par une efpece d'incruftation.

Ces différentes manieres de concevoir la formation des pierres de la veffie, font analogues fous cet afpect aux idées les plus reçues & les plus plaufibles fur les pétrifications

en général, & sont d'ailleurs appuyées
des obfervations finthétiques & ana-
litiques que nous avons fur cette matiere.

Lorfqu'on a retiré, par le moyen
d'un acide, le principe terreux des
calculs, il refte une matiere qui fe préfente fous différentes formes. Quelquefois c'eft une efpece d'éponge muqueufe ou cellulaire. D'autrefois ce
font des couches concentriques ou fe-
mi-orbiculaires, des pellicules plus ou
moins compactes. Mais le plus fouvent on ne retrouve qu'une matiere
flocconeufe, des lambeaux ou des débris de mucofité. Les acides qu'on emploie pour ces expériences, diffolvent
prefque toujours, fur-tout s'ils ne font
pas trop concentrés, une partie de
cette fubftance qui fert de bafe à l'é-
difice pierreux.

L'efprit de nitre eft de tous les
acides celui qui a le plus d'action fur
les concrétions calculeufes. Cependant il y en a auxquelles il ne tou-
che pas ou prefque pas, & d'une maniere fort lente; ce font en général,

celles dans lefquelles abonde le *gluten*, & qui ont une très-grande folidité. Il diffout, au contraire, affez promptement, & avec une effervefcence très-marquée, les pierres friables, reffemblantes à du tuf, dans lefquelles la terre eft prefqu'à nud.

Les menftrues aqueux en ramolliffant & en diffolvant le *gluten*, diffolvent auffi de la partie terreufe, en d'autant plus grande quantité qu'elle fe trouve unie à plus de mucofité foluble. Pour faciliter cette opération, il faut chauffer la liqueur & pulvérifer les calculs. En faifant évaporer l'eau qui a fervi à ces lotions, après l'avoir filtrée, la matiere terreufe que l'on obtient eft bien moins attaquable par les acides que le réfidu de ces lavages. Cependant il n'eft pas poffible d'enlever par ce dernier moyen tout le *mucus* des concrétions calculeufes. Il y en a une partie qui y eft fi intimément unie à la terre qu'on ne peut parvenir à les féparer.

Comme cette terre a appartenu

primitivement à la matiere muqueuse alibile, & qu'elle a fait partie de sa mixtion, elle retient encore un peu de son premier être; semblable en cela à la terre osseuse que la nature fait préparer & séparer par un méchanisme qui nous est absolument inconnu. L'expulsion naturelle de cette terre, devenue excrémenteuse & partie constituante de l'urine, sa déviation contre nature ou sa congestion sur les organes urinaires, doivent être rangées parmi les causes de la formation des calculs.

Ce n'est pas seulement à raison de sa qualité plus ou moins muqueuse, que la terre des calculs est jusqu'à un certain point défendue de l'action des acides, & dissoluble dans les menstrues aqueux. Mais il paroît qu'elle doit encore en partie ces propriétés à un certain état salin résultant de sa combinaison avec l'acide animal. Quoique je n'aie pu jusqu'à présent en retirer cet acide, cependant les phénomenes que présente l'examen ultérieur de la matiere mucoso-terreuse reufe du calcul, me porte de plus en plus à croire qu'elle contient en outre cet acide particulier (1).

Si l'on fait évaporer l'eau qui a fervi à laver les calculs pulvérifés, on obtient une matiere mucofo-terreufe colorée, qui a une faveur falée, âcre, & qui attire affez puiffamment l'humidité. Je n'ai jamais pu parvenir à en féparer aucune fubftance faline par les diffolutions, filtra-

---

(1) Les expériences très-nombreufes qu'on a faites fur l'acide microcofmique, par lefquelles on a prouvé qu'il admettoit, dans fa combinaifon, une terre particuliere, dont il tient une partie de fes propriétés & peut-être fon caractere effentiel, ces expériences, dis-je, femblent encore appuyer ce que j'avance: en forte, que fi on a raifon de regarder cet acide comme un fel neutre avec excès d'acide, on feroit de même fondé à penfer que la terre calculeufe eft également un fel avec furabondance du principe terreux. Cela eft d'autant plus vraifemblable qu'il exifte plufieurs rapports entre cette terre calculeufe & la terre qu'on dégage dans divers procédés de l'acide animal dont elle retient fans doute encore quelque chofe.

E

tions , & évaporations répétées ; il
s'en dégage cependant à chaque
fois un peu de terre jaunâtre. Si on
fait calciner ce *magma*, il s'en ex-
hale une odeur urineuse , & ensuite
une odeur d'alcali volatil plus mar-
qué. On obtient une terre blanchâtre qui a une saveur saline , & qui,
poussée à un feu plus fort , répand
une odeur de fleur de pêcher , &
prend un commencement de vitrifi-
cation. L'eau chaude dissout une partie de ce résidu , & acquiert un goût
salé. Cette dissolution se trouble par
l'addition de l'huile de tartre , & dé-
pose une terre. Cependant il n'est
pas possible d'en retirer aucun sel par
l'évaporation. Ce qui reste après cette
opération a toujours l'aspect terreux.
Jetté sur les charbons , il se fond en
se boursoufflant , & se noircit ; mais
ne décrépite pas. Il précipite néanmoins un peu la dissolution d'argent , & renvoie quelques vapeurs
analogues à celles de l'esprit de
sel , si on verse dessus de l'huile de
vitriol , phénomènes qui indiquent

encore la préfence du fel marin dans
les calculs.

J'ai calciné & examiné de la même
maniere, la portion des calculs qui
refte après leur lavage : j'ai obfervé
que mes réfultats ne différoient que
du plus au moins avec les précédens;
excepté cependant que je n'ai point
retrouvé les indices d'acide marin
dans l'eau employée pour leffiver le
réfidu terreux de la calcination. Cette
terre ainfi lavée, n'eft que foiblement
attaquée par les acides minéraux. Ce
n'eft qu'à la longue & feulement en
partie qu'elle y eft diffoute, & particulierement encore dans l'acide nitreux,
comme avant fa calcination. Expofée
à un feu long-temps continué, elle ne
fe change point en chaux vive ; caractere qu'elle a de commun avec la
terre offeufe. Au refte, on obferve
des différences à tous ces égards dans
les différens calculs. Il y en a qui
ne fourniffent guere par once que
dix à douze grains de terre infipide
& infoluble, qu'on a regardée mal-
à-propos comme gypfeufe ou féléni-

tique : enforte que ces calculs font
prefqu'uniquement formés d'air &
de mucofité concrête & durcie.

L'air qu'on retire des calculs, foit
par le moyen du feu, foit par les acides, n'eft pas pur ni comparable à
l'air atmofphérique ; mais il en eft
de même de celui que fourniffent
tous les corps dont ce prétendu élé-
ment fait partie conftituante. Ainfi
je ne m'occuperai pas ici de ces altérations, dont les recherches font aujourd'hui la branche la plus cultivée
& la plus brillante de la Chymie. Je
ne dirai rien non plus des proportions de ce principe élaftique & expanfible, d'autant plus qu'elles va-
rient confidérablement. Sa quantité
eft en général relative à la folidité des
calculs, & ceci eft encore commun
pour les autres fubftances, du moins
pour celles du regne végétal & du regne animal.

La diftillation analytique des concrétions calculeufes, ne nous apprend
rien fur leur compofition. On n'obtient par cette voie, que les produits

communs des subflances animales.
On ignore si l'alcali volatil qu'on retire, eft l'ouvrage du feu, où s'il
préexifte dans le calcul fous la forme
ammoniacale. On ne fçait pas mieux
fi l'air qui fe dégage étoit immédia-
tement combiné avec les autres matériaux, ou bien s'il faifoit partie
conftituante de la mucofité qui fert
de bafe au calcul. On a même prétendu que cet être volatil, étoit au
moins en partie, engendré dans l'o-
pération. En un mot, nous n'avons
fur l'origine & la maniere d'être de
ces principes, que des conje{tures,
defquelles on a cependant tâché de
déduire les explications de la maniere d'agir des remedes lithontriptiques. L'examen plus régulier des matieres calculeufes, nous fournit fur
ce point de Médecine théorique, des
inductions mieux fondées.

J'ai foumis aux mêmes expériences
que ci-deffus, fçavoir, à l'action des
diffolvans acides & aqueux, & enfuite aux différens dégrés de feu, les
matieres qui le féparent de l'urine

des perfonnes faiñes & de celle des
fujets attaqués de calculs ou difpofés
à cette maladie. Quoique ces matieres paroiffent fous des formes très-
différentes, elles font néanmoins ef-
fentiellement les mêmes, & ne va-
rient que par la proportion de leurs
principes. C'eft dans tous les cas cette
combinaifon mucofo-terreufe, que
nous avons regardée plus haut comme
la fubftance fondamentale des calculs, & dans laquelle il eft aifé de
remarquer toutes les nuances de fon
aptitude à la concrétion calculeufe. En
général, la partie muqueufe domine
dans cette combinaifon, lorfqu'elle
fe préfente fous la forme de nuage,
de floccons ou de fécule groffiere, &
diverfement colorée. C'eft au contraire la partie terreufe qui abonde
dans la pellicule qui fe forme quelquefois à la furface de l'urine, &
dans le tartre qui s'attache aux vafes
fous la forme de croûte ou de graviers de différentes couleurs.

Quoique la folubilité de ces matieres dans l'eau ou dans l'efprit de ni-

tré, ne foit pas conftamment en raifon de la dominance de l'un ou l'autre principe ; cependant celles du
premier ordre fe diffolvent plutôt.&
plus abondamment dans l'eau ; tandis que les fecondes font plus atta-
quables par l'acide nitreux. La terre
que ce dernier menftrue diffout, fe
comporte dans toutes les expériences
de la même maniere que celle des
calculs, & differe de même à plufieurs égards de la terre abforbante
pure.

Les matieres qui fe féparent de
l'urine par le refroidiffement & par
le repos, étant rediffoutes dans l'eau
chaude, après avoir été auparavant
lavées & bien égoutées, donnent à
ce menftrue quelqu'unes des qualités
de l'urine : cependant ces diffolutions
different en plufieurs points de cette
derniere. Elles ont bien lorfqu'elles
font rapprochées, une légere faveur
falée, & une odeur urineufe, femblables à celles qu'on remarque dans
l'eau des lavages du calcul ; mais
on n'en retire pas les différens fels

neutres que fournit l'urine évaporée.
On n'y retrouve pas non plus, comme
dans cet excrément, des matieres
qu'on peut appeller favonneufes ou
extractives par leurs qualités chymiques, mais qui doivent être regardées comme les débris des fubftances
alimenteufes, & qui paroiffent auffi
avoir en partie la même origine &
les mêmes propriétés que la matiere
colorante de la bile. Enfin, fi l'on
fait évaporer les diffolutions des dépôts de l'urine, on n'obtient pas,
comme de cette derniere, un magma
onctueux ou glaireux, plus ou moins
coloré, compofé des fubftances fa-
vonneufes & extractives dont je viens
de parler, & de la terre hypoftatique enduite de mucofité; mais on
obferve que ces matieres diffoutes
reparoiffent, à mefure que le menftrue leur manque, fous la forme de
pellicule à la furface de la liqueur,
ou de croutes très-adhérentes aux parois des vaiffeaux, ou enfin de dépôt plus ou moins concreté & gra-
veleux.

Ainfi il ne faut donc pas feulement confidérer les dépôts de l'u-
rine , comme l'excédent de ce que
fon phlègme peut tenir en diffolution ; mais comme une matiere particuliere qui a plus ou moins de difpofition à fe concrêtre. Cependant on
empêche ces dépôts de fe former , fi
on étend l'urine avec une fuffifante
quantité d'eau , & j'ai remarqué qu'il
en falloit moins pour les prévenir
que pour les rediffoudre. En général , plus cette féparation des matieres caculeufes fe fait promptement &
abondamment , après que les urines
font rendues , plus il y a lieu de
croire que la formation des calculs
eft imminente.

Le dépôt le plus ordinaire de l'u-
rine des fujets qui ont des difpofitions ou des affections calculeufes,
eft fous forme de fable ou de mucofité glaireufe. La figure rhomboïdale
qu'on dit avoir conftamment obfervée dans le premier, prouveroit encore , outre ce que nous avons dit
plus haut , qu'il tient de la nature

saline, & qu'il eſt le produit d'une
ſorte de cryſtalliſation. C'eſt le calcul
primitif ou élémentaire, qui n'a beſoin pour prendre de l'accroiſſement,
même dans les perſonnes les plus
ſaines, que de trouver une baſe à laquelle il puiſſe adhérer.

La mucoſité glaireuſe qui ſe précipite & *s'appelotonne* au fond des
pots, & qui n'eſt ſouvent que ſuſ-
pendue dans l'urine à l'inſtant même
qu'elle eſt rendue, tient plus particulierement à la conſtitution calcu-
leuſe (1). Elle a une très-grande diſ-
poſition à ſe concrêtre & à s'attacher
aux vaiſſeaux. Expoſée à l'air, elle
acquiert pour l'ordinaire la dureté
du calcul. Lorſqu'elle eſt deſſéchée,
on y apperçoit une plus ou moins

---

(1) Elle a même été regardée comme un
ſigne caractériſtique de cette maladie, bien
différente en cela & auſſi par ſa nature, des
floccons muqueux qui reſtent nageans dans
l'urine, & qui peuvent être le produit d'une
affection catharrale, d'une irritation quelconque ou de l'atonie des voies-urinaires.

grande quantité de terre, qu'on peut enlever en très-grande partie par le moyen de l'eau forte. Cette matiere paroît être de même nature & avoir la même origine que la mucofité groffiere qui tapiffe & qui lubrefie dans l'état naturel les voies urinaires, mais dont la fécrétion eft dans ce cas-ci rendue vicieufe, & l'exertion plus confidérable par l'irritation & les contractions fréquentes qu'éprouvent ces organes. Elle eft en outre pénétrée, & plus ou moins chargée de la terre hypoftatique, dont abondent les urines des perfonnes attaquées ou feulement ménacées de calcul.

En abforbant cette terre, probablement à la maniere d'un filtre porreux & vifqueux, dans la veffie même, la mucofité peut produire deux effets contraires, fçavoir, 1°. De prévenir la formation du calcul, en engageant & en entraînant au dehors la matiere graveleufe, ou bien en produifant aux parois de la veffie une forte d'incruftation, fi elle n'eft

E 6

point expulſée , ce qui arrive quelquefois. 2°. De favoriſer l'accroiſſement du noyau calculeux en adhérent peu à peu & couche par couche à ſa ſurface : ce qui eſt d'autant plus vraiſemblable , que ce calcul déja commencé , eſt conſtamment roulé ou plongé dans cette glaire terreuſe , & que ſa ſurface eſt d'ailleurs diſpoſée à cette application.

Ce n'eſt donc pas aſſez pour la formation du calcul , que ſes matériaux ſe ſéparent & ſe dépoſent dans les organes même de l'urine ; il faut en outre qu'ils y rencontrent quelques corps , ou homogene ou hétérogene , auquel ils puiſſent s'attacher & s'accroître. Le noyau le plus ordinaire , & ce ſemble, le plus ſuſceptible d'accroiſſement ; eſt fourni par quelque concrétion graveleuſe, primitivement formée dans les reins, à la ſuite des attaques de néphrétique. Il s'établit preſque toujours dans cette maladie, une inflammation & une petite ſuppuration à l'extrémité des mammelons ou productionsco -

noïdes de la fubftance tubuleufe ou des vaiffeaux fécretoires de l'urine. Alors une goutte de fang ou de pus, rétient & réunit la matiere tartareufe de l'urine qui paffe par ces mamme-lons. Dans les perfonnes mortes de néphrétique, on a conftamment trou-vé des grains de gravelle engagés dans ces petits corps. Pour l'ordi-naire, ces graviers font détachés après l'accès, & entraînés hors du corps avec les urines ; mais ils font auffi quelquefois, par différentes circonf-tances, retenus dans le lieu même de leur naiffance ; ou bien ils font dépofés dans les baffinets des reins, dans les ureteres ou dans la veffie ; &, prennent dans ces divers organes un accroiffement plus ou moins ra-pide, & confidérable par l'applica-tion fucceffive de matieres fembla-bles.

Les obfervations de fujets devenus calculeux, fans qu'ils ayent jamais éprouvé de douleurs néphrétiques, & l'examen des calculs dans lefquels on ne retrouve aucun noyau, femblent

prouver, contre l'opinion affez généralement adoptée, que le germe des
concrétions calculeufes, ne vient pas
toujours des reins. D'ailleurs, cette
origine n'eft point inconteftablement
prouvée, lors même qu'il a précédé
des attaques de néphrétique, & qu'il
fe trouve un noyau dans le calcul.
Ses matériaux, par la feule difpofition qu'ils ont à fe concrêtre, peuvent, lorfqu'ils font dépofés dans
quelque partie de la veffie, fe réunir
& prendre corps. Les fuppurations,
les hémorragies, les fluxions de la
veffie, ne verfent-elles pas dans ce
vifcere le rudiment d'une pierre ?
Une portion de mucofité glaireufe
excrémenticielle épaiffie, ou bien un
peu de matiere lymphatique ou albu-
mineufe concretée (1), peuvent en-

---

(1) On voit quelquefois le fuc nourricier
s'échapper par les organes de l'urine pourvu
de toutes fes propriétés. Ne peut-il pas y con-
ferver cette concrefcibilité plaftique qui conf-
titue fon aptitude à l'organifation. N'ob-
ferve-t-on pas dans d'autres cavités de fembla-

core fournir la trame ou le canevas du calcul, en abforbant & en rete- nant dans leur tiffu le tartre de l'u- rine. Ces derniers événemens doi- vent même avoir lieu dans les per- fonnes qui n'ont d'ailleurs aucune difpofition calculeufe. On fçait que les corps étrangers quelconques, in- troduits dans la veffie, ne manquent prefque jamais d'y engendrer des calculs.

Quoique les principes conftitutifs de la pierre, fe trouvent dans tous les individus, & que par conféquent leur exiftence ne doive pas être re- gardée comme une chofe contre na- ture ; cependant il faut bien diftin- guer les fujets qui ne font calculeux qu'accidentellement, d'avec ceux qui ont à cette maladie des difpofitions héréditaires ou acquifes. La conftitu- tion calculeufe fe manifefte princi- palement & le plus communément

---

bles concrétions lymphatiques qui s'y font formées fans contracter aucune adhérence avec les parties voifines.

dans les organes urinaires , parce qu'ils font la voie de décharge naturelle des matieres calculeufes devenues excrémenticielles. Néanmoins il n'eft pas rare de trouver en même-temps des concrétions de ce genre dans d'autres parties du corps : par exemple dans les articulations. C'eft pourquoi on a regardé de tout temps, la goutte & la gravelle , comme deux coufines germaines. On a auffi obfervé un grand rapport entre les affections des reins & celles du foie, quoique cependant les concrétions de ce dernier vifcere foient différentes à plufieurs égards de celles qui fe forment dans les voies urinaires. Enfin, il n'eft peut-être pas de parties dans laquelle on n'ait trouvé des concrétions pierreufes. L'hiftoire de la Médecine eft très-riche en obfervations de ce genre : mais on n'eft encore guere avancé dans la connoiffance de la nature & des différences de ces concrétions. C'eft à la Chymie qu'on eft redevable de ce que l'on fçait déja fur cette importante matière, & ce n'eft que par ce moyen, qu'on parviendra à la mieux connoître.

La Médecine eft de même fort peu inftruite des caufes premieres ou génératrices du vice calculeux. En mettant de côté toutes les hypothefes abfurdes ou purement gratuites qui font dériver la formation des calculs d'une certaine qualité pétrifiante des humeurs, de quelques efprits coagulants ou fermentatifs, de quelque intempérie conftitutionnelle &c. En mettant de côté, dis-je, toutes ces caufes occultes, ridicules, on eft réduit à ne pouvoir défigner que les caufes communes des autres maladies. En effet, en réfumant ce que les Médecins-Théoriciens les plus raifonnables ont dit fur ce fujet, on voit qu'ils font confifter les difpofitions calculeufes, de la part des folides, dans un certain état de fpafme ou d'atonie, ou plus généralement encore, dans la diftribution vicieufe des forces organiques qui dérange l'harmonie des fécrétions &

des excrétions, & de la part des humeurs, dans une forte de déprava-
tion des coctions, dans une mixtion imparfaite, ou plus particulierement dans la furabondance, le dé-
velopement, & la fégrégation des
principes terreux & falins?

Il eft d'autant plus difficile de for-
tir de ce vague ou de cette obfcurité
qu'on remarque que les affections
calculeufes attaquent prefqu'indif-
tinctement tous les fujets, c'eft-à-dire,
confidérés dans toutes les pofitions,
dans toutes les circonftances qui peuvent différencier les individus. L'âge,
le tempérament, les climats, la maniere de vivre, ne paroiffent avoir
qu'une influence très-indirecte fur la
production de ces fortes de maladies.
Il y a même dans prefque toutes ces
caufes de certaines contrariétés qui
rendent encore leurs effets plus dou-
teux ou plus inexplicables (1).

_____

(1) On fait, par exemple, que dans les
deux extrêmes de l'âge, l'enfance & la vieil-
leffe, on eft plus particuliérement fujet aux

Mais sans chercher à déduire de nos connoissances pathologiques sur le vice calculeux, des indications rationelles pour le traitement de cette

calculs. On en a donné des raisons, qui, si elles étoient suffisamment prouvées, seroient bien difficiles à concilier avec d'autres causes qu'on a aussi regardées comme capables de favoriser ou de prévenir la formation des calculs. L'accescence des humeurs & la foiblesse des organes dans les jeunes sujets, la viscosité des fluides, l'imméabilité & l'atonie des vaisseaux, en un mot, la lenteur des coctions & des secrétions dans les vieillards, ont été données comme les causes principales de la plus grande fréquence de cette maladie. D'un autre côté, on a prétendu que l'usage journalier des végétaux accescens étoit le plus sûr préservatif qu'on pût employer contre ce mal, parce qu'on a cru qu'on y devenoit plus exposé par tout ce qui peut produire ou accroître la putridité des humeurs. Cependant on observe que cette maladie est très-rare & presqu'inconnue dans les Indes Orientales, quoique les chaleurs & l'usage habituel des poissons salés & séchés soient très-propres à exciter la putréfaction. Il est connu, au contraire, que la gravelle est fort commune dans quelques Pays froids & montagneux, dont les habitans vi-

maladie confidérée dans fon principe, c'eft-à-dire, relativement à fes
caufes primitives ; tenons-nous-en
aux inductions les mieux établies qui

---

vent principalement de laitages & de végétaux farineux. Cette maladie eft à-peu-près
également fréquente en Autriche, en Angle-
terre , en Suiffe & en France, quoique ces
climats, le régime, les mœurs & le tempérament national foient très-différens. On a
auffi avancé que dans chaque Pays la nourri-
ture groffiere & la vie laborieufe du peuple
le rendoient plus fujet au calcul. Mais il paroît que les Grands, ceux qui vivent dans l'a-
bondance & dans le luxe, n'y font pas moins
expofés, & même qu'ils font plus fouvent at-
teints de néphrétique & de goutte, qui,
comme nous l'avons dit ci-devant, font prefque toujours l'annonce des difpofitions calculeufes. Une chofe qui me paroîtroit digne de
remarque, fi elle étoit fuffifamment conftata-
tée, c'eft que ce mal eft plus ordinaire chez
les enfans dans les campagnes, & chez les
adultes dans les grandes villes. La vie féden-
taire ou exercée, femblent également n'avoir
ici qu'une caufalité très-éloignée, puifque les
femmes, qui font ordinairement fédentaires,
font rarement calculeufes, tandis que les contraires font généralement vrais pour les en-

nous fournissent les expériences chymiques & les observations médicina-

---

fans, quoique d'ailleurs ces deux sortes de
sujets se ressemblent à plusieurs autres égards
de constitution. Enfin, on a encore rapporté
avec tout aussi peu de fondement, parmi les
causes occasionnelles des maladies calculeuses
l'usage habituel des eaux calcaires & séléni-
teuses, & de certains vins tartareux.

Ceci est un exemple bien frappant de la
difficulté qu'il y a de saisir les effets respectifs
des causes physiques générales ou communes,
qui peuvent influer sur la santé des hommes.

Ces causes sont pour l'ordinaire si confusé-
ment combinées entre-elles, & d'ailleurs si
souvent & si différemment modifiées par les
causes morales, qu'il est presqu'impossible de
faire sur cette partie de l'art des observations
généralement & constamment vraies. Mais
il ne faut pas pour cela négliger le petit
nombre d'observations particulieres que nous
avons sur le sujet dont il est question. Elles
sont précieuses, non-seulement en ce qu'elles
peuvent par leur concours nous faire décou-
vrir les rapports de plusieurs causes, tant in-
ternes qu'extérieures, avec les affections calculeuses, mais encore en fournissant des vues
pratiques expérimentales pour le traitement
de ces maladies.

les, pour prévenir ou pour détruire les produits de ces caufes.

L'effet le plus obvie & le mieux démontré des fecours que la Méde-cine a propofés dans ces vues, eft de fournir aux humeurs, & particuliere-ment aux urines une aquofité plus ou moins abondante. La prétendue pro-priété lithontriptique de ces remedes fondée fur la décompofition réelle qu'on a fuppofé qu'ils opéroient dans les matieres calculeufes, n'eft pas, à beaucoup près, fuffifamment prou-vée. La théorie qui fait dériver cette action lithontriptique de la fimple diffolution partielle, & de la défunion de ces mêmes matieres, me paroît plus fimple & plus vraifemblable, & d'ail-leurs plus conforme aux réfultats des expériences chymiques fur la com-pofition des calculs.

Je ne prétends cependant pas bor-ner à cela feul, l'opération de tous les lithontriptiques. Celles des pré-parations calcaires, alcalines & fa-vonneufes, eftimée par les effets chy-miques de ces fubftances fur les di-

vers principes du calcul , & expli-
quée par l'abforption ou le dégagement de l'air , par la décompofition
ou la volatilifation des fubftances falines, ou enfin par la nouvelle combinaifon des matieres huileufes ou
plutôt muqueufes du calcul , cette
opération , dis-je , mériteroit bien
d'être examinée ultérieurement fous
ces différens points de vue.

Mais de quelque maniere que l'on
conçoive la qualité altérante des lithontriptiques, elle n'eft pas incom-
patible avec leur vertu diffolvante
fimple. Cette derniere qui appartient
exclufivement aux liquides aqueux
( car il n'eft plus queftion ici de menftrues acides ou diffolvants propre-
ment dits ), eft fenfiblement aidée par
leur qualité faline ; circonftance qui
favorife en outre leur introduction
dans les voies urinaires , & qui pré-
vient les inconvéniens de l'aquofité
pure.

Les Eaux minérales de Contrexeville , par leur compofition faline ,
calcaire , légérement favonneufe &

martiale , paroissent très-propres à remplir ces différentes vues. Elles sont éminemment diurétiques & dissolvantes. Elles ont d'ailleurs l'avantage de parvenir à la vessie, sans avoir éprouvé d'altération sensible, du moins quant à leurs principes essentiels (1) ; ce qui , outre la quantité très-considérable , & la grande promptitude avec laquelle elles y arrivent, semble prouver qu'elles y sont portées par d'autres voies que celles de la circulation générale. Opinion qui, sans être démontrée par les recherches anatomiques , a cependant

_____

(1) Après avoir bu pendant quatre jours consécutifs une très-grande quantité de ces eaux, je fis évaporer l'urine très-claire & très-abondante, que je rendis dans la matinée du quatrieme jour. Il se sépara pendant cette opération une assez grande quantité de terre & de sélénite ; & dans le résidu, à demi-calciné , pour le débarrasser d'un peu de mucosité jaunâtre , principe ordinaire de l'urine, je retrouvai du sel de Sedlitz , un peu de sel marin ordinaire & quelques vestiges de sel marin à base terreuse.

été

été admife par un grand nombre de
Médecins célebres.

Quoique ces eaux diſſolvent ou di-
viſent aſſez promptement la plûpart
des pierres que l'on y plonge, fur-
toüt ſi on les tient en digeſtion, cependant on ne peut compter que juſqu'à un certain point ſur ces expériences pour l'uſage intérieur (1). Les
conditions de la part du menſtrue &
du corps à diſſoudre, qui peuvent influer ſur leur action réciproque, différent à pluſieurs égards dans ces

_____

(1) Dans ces recherches, dont le détail feroit trop long, j'ai toujours établi un terme
de comparaiſon, en mettant des portions des
mêmes pierres dans l'eau pure, & j'ai conſtamment obſervé que l'action de ce dernier
menſtrue étoit beaucoup moins marquée &
plus lente, & même quelquefois nulle. J'ai
de plus remarqué que la diſſolution ou la dé-
ſunion des mêmes pierres, placées dans l'Eau
minérale, étoit en général proportionnée à
la quantité & au renouvellement fréquent de
cette eau ; circonſtance qui mérite attention,
ainſi que les autres phénomènes & les réſultats de ces opérations.

F

deux cas. D'ailleurs, il y a des calculs qui ne font pas fenfiblement attaqués par ces eaux, même après un
très-long efpace de temps. Cette qualité réfractaire me paroît en général
plutôt dépendre de l'état de concrétion ou de cohérence très-intime entre les matériaux du calcul que de
toute autre caufe, cela eft d'autant
plus vraifemblable que les pierres
qui ne font que peu ou point fenfibles à l'action des menftrues aqueux,
font à peu près de même à l'égard
des liqueurs acides. Cependant on
obferve, comme nous l'avons rapporté plus haut, dans la compofition
des pierres quelques différences réel-
les & dépendantes, non-feulement
de la proportion, mais encore de la
nature de leurs principes, & particulierement de la matiere qui en fait
la trame ou la bafe. Cette variété de
texture indique bien qu'il feroit néceffaire de varier les menftrues pour
en opérer la diffolution ou la défunion : mais comment reconnoître *à
priori* cette différence, & d'ailleurs

quànd on la connoîtroit , quels autres moyens pourroit-on employer
que les liqueurs aqueuses chargées de
principes salins , neutres , alcalins ou
savonneux , dont l'action paroît être
essentiellement la même , & l'effica-
cité ne différer que du plus au moins?

Il faut donc convenir qu'il est des
espèces de calcul inaccessibles aux
lithontriptiques connus, même don-
nés en injection (méthode souvent
impraticable ou infructueuse , & dont
le moindre inconvénient est la gêne
extrême & l'assujettissement qu'elle
exige ). L'unique ressource pour s'en
délivrer, est d'avoir recours à l'opération , qu'il est presque toujours
avantageux de ne pas différer.

Il y a pareillement des cas dans les-
quels il n'est pas possible de prévenir
la formation ou l'accroissement des
pierres, tant la dégénération calcu-
leuse est considérable & inhérente à
la constitution. Nous avons déjà dit
que l'objet démonstratif de la Médecine préservative à cet égard, étoit
de fournir aux urines un véhicule

aqueux capable d'empêcher la réunion & la congestion des matieres
calculeuses, graveleuses ou glaireu-
ses, soit en en opérant la dissolution,
soit en en procurant l'expulsion.

Plus une Eau minérale est diuréti-
que & apéritive, plus elle est en état
de produire de tels effets. Ces vertus
paroissent dépendre d'un dégré de sa-
linité médiocre en-deçà ou en-delà
duquel elles changent ou diminuent.
Il seroit difficile de marquer ces li-
mites qui, d'ailleurs, doivent varier
par différentes circonstances. Mais
on sçait qu'en général les eaux qui
passent le degré de salure légere ou
médiocre, exercent principalement
leur action sur les premieres voies,
& deviennent purgatives : tandis, au
contraire, que celles qui ne sont que
très peu ou point salines, surchar-
gent les organes digestifs & sécrétoi-
res, séjournent plus long-temps dans
ceux-là, pénetrent moins facilement
ceux-ci, & se mêlent peut-être plus
imparfaitement aux humeurs.

En outre, la qualité des sels &

leurs combinaisons avec d'autres substances doivent sans doute encore produire des différences dans la déter-
mination, la maniere d'agir & le
degré d'activité des Eaux minérales.
Il est bien reconnu, par exemple,
que les eaux sulphureuses sont spécia-
lement bonnes contre les affections
de la poitrine & de l'organe exté-
rieur, &c.

La Chymie ne peut fournir sur cela
que des inductions que l'observation
seule doit constater. C'est à cette
maîtresse des Arts & des Sciences
qu'il est réservé de mettre le sceau
de la vérité & de l'utilité à toutes les
connoissances spéculatives de la Médecine.

Ainsi, après avoir établi sur des
expériences chymiques & des consi-
dérations théorétiques, les propriétés des Eaux minérales de Contrexeville, dans les maladies des voies
urinaires, il nous reste à les confirmer par la voie de l'observation.

Je ne puis mieux faire dans cette
circonstance, que de produire l'auto-

rité de M. *Bagard*. Ce Médecin célebre & digne de foi, est le premier
qui ait conseillé & suivi de près l'u-
sage de ces Eaux. Son suffrage est
bien suffisant pour inspirer au moins
de la confiance. C'est ainsi qu'il s'ex-
prime dans le Mémoire que j'ai cité
plus haut.

« Les Eaux minérales de Contrexeville sont souveraines dans les maladies des reins , des ureteres , de
la vessie & de l'urethre. Telles que
la pierre, la gravelle , les glaires ,
les supurations , les ulceres de ces
parties & les carnosités de l'urethre.
Nous osons avancer, ajoute-t-il dans
un autre endroit, sur des témoigna-
ges non-suspects, que les Eaux de
Contrexeville sont souverainement
efficaces contre la pierre , qu'elles
détachent, & font sortir de la vessie ,
quand elles ne sont que d'une gros-
seur médiocre ; qu'elles ont la propriété de dissoudre en fragmens celles qui sont plus grosses & d'une nature platreuse & graveleuse, même
celles qui sont en partie platreuses ,

& en partie murales. Nous conſervons
une liſte des perſonnes de tout âge
qui ont rendu depuis quelques an-
nées des pierres par l'action de ces
Eaux ».

M. *Bagard* rapporte en effet pluſieurs obſervations qui viennent à
l'appui de ce qu'il avance. Je pour-
rois y en ajoûter d'autres que je tiens
des perſonnes même qui ont fait
uſage de ces Eaux ; mais j'attendrai
pour les publier, que j'aie été moi-
même dans le cas d'obſerver de plus
près leurs effets, & de déterminer
juſqu'à quel point notre ſource, ſans
avoir des vertus ſpécifiques, & encore moins excluſives, mérite la préférence ſur les autres remedes uſités,
& preſque toujours ſans ſuccès, dans
les maladies des voies urinaires, &
dans les analogues.

Je ne dirai rien ſur l'emploi médicinal de ces Eaux. Les préceptes gé-
néraux de l'adminiſtration de ces
ſortes de remédes, qu'on pourroit
appeller *la routine* des Eaux minérales, ſont aſſez connus & trop uni-

verſellement ſuivis. Quant aux régles
de détails ſur la maniere de les ap-
pliquer conformément aux beſoins &
aux forces des individus, ſur la né-
ceſſité, plus commune qu'on ne pen-
ſe, d'en ſeconder l'action par des
remedes appropriés aux différentes
circonſtances, &c. Ces ſortes de régles, dis-je, ſi on peut les appeller
ainſi, ne ſont point faites pour les
livres. C'eſt ce qui conſtitue vrai-
ment *l'art* ou *l'habileté* du Médecin.

# F I N.

www.ingramcontent.com/pod-product-compliance
Lightning Source LLC
Chambersburg PA
CBHW071824090426
42737CB00012B/2173